中国金融安全评论

CHINA'S FINANCIAL SECURITY REVIEW (Vol.2)

（第二卷）

何德旭 等◆著

社会科学文献出版社
SOCIAL SCIENCES ACADEMIC PRESS (CHINA)

图书在版编目（CIP）数据

中国金融安全评论. 第二卷 / 何德旭等著. -- 北京：
社会科学文献出版社，2021.1
ISBN 978 - 7 - 5201 - 7937 - 9

Ⅰ.①中… Ⅱ.①何… Ⅲ.①金融 - 风险管理 - 研究
- 中国 Ⅳ.①F832.1

中国版本图书馆 CIP 数据核字（2021）第 025711 号

中国金融安全评论（第二卷）

著　　者 / 何德旭 等

出 版 人 / 王利民
责任编辑 / 史晓琳

出　　版 / 社会科学文献出版社·国际出版分社（010）59367142
　　　　　 地址：北京市北三环中路甲29号院华龙大厦　邮编：100029
　　　　　 网址：www.ssap.com.cn
发　　行 / 市场营销中心（010）59367081　59367083
印　　装 / 三河市尚艺印装有限公司

规　　格 / 开　本：787mm × 1092mm　1/16
　　　　　 印　张：13.25　字　数：190千字
版　　次 / 2021年1月第1版　2021年1月第1次印刷
书　　号 / ISBN 978 - 7 - 5201 - 7937 - 9
定　　价 / 98.00 元

主要撰稿人

何德旭　中国社会科学院财经战略研究院院长、研究员

郑联盛　中国社会科学院金融研究所副研究员

苗文龙　陕西师范大学国际商学院教授

鲁政委　兴业银行首席经济学家

李　湛　东莞理工学院教授

李　超　中国社会科学院财经战略研究院副研究员

王学凯　中国社会科学院财经战略研究院博士后

史晓琳　社会科学文献出版社副编审

钟春平　中国社会科学院财经战略研究院研究员

蒋照辉　中国银行保险监督管理委员会浙江监管局高级经济师

张雪兰　中南财经政法大学教授

包慧娜　中南财经政法大学博士生

序

在确保经济安全已经成为世界各国保证国家安全的首要战略措施的今天，金融作为"第二国防"，日益受到各界人士的重视和关注。在《文明的冲突与世界秩序的重建》一书中，美国前政治学会会长、哈佛大学战略研究所所长塞缪尔·亨廷顿指出，西方文明控制世界有 14 个战略要点，其中控制高科技军火工业和控制航天工业处于倒数第一位和倒数第五位，与之相反，控制国际银行体系、控制全部硬通货和掌握国际资本市场则分别名列第一位、第二位和第五位。金融安全的重要战略地位可见一斑。然而，与金融在经济增长中的核心地位相对应的是，金融危机犹如幽灵一般，纠缠着人类社会的经济发展，并随着经济全球化趋势的增强，对世界各国造成日益严重的损害：20 世纪 30 年代的"大萧条"、布雷顿森林体系崩溃、拉美债务危机、欧洲汇率机制危机、墨西哥金融危机、东南亚金融危机、美国次贷危机、欧洲主权债务危机……每一场金融"海啸"肆虐过后，无不风声鹤唳、哀鸿遍野。

痛定思痛的结果，是绵贯不绝的金融安全探索与实践，自 2007 年美国次贷危机爆发之后更推向新的高潮——从"沃尔克规则"到影子银行监管，从《多德－弗兰克法案》到《泛欧金融监管改革法案》，各国政府为谋求金融安全与经济增长所做的种种努力，可谓八仙过海、各显其能；从《巴塞尔协议Ⅲ》到系统重要性金融机构监管，从会计准则改革到高管薪酬机制设计，国际金融机构反思危机教训、避免重蹈覆辙所做的种种规划，可谓殚精竭虑、未雨绸缪；从资本管理、杠杆率要求、流动性比率管理到公司治理、风险文化，金融机构在加强自身风险管理方面，可谓不遗余力、百舸争流；而学界对于宏观审慎管理、系统性风险防范、金融安全网构建、金融科技风险防范等问题的激扬探讨，更可谓百花齐放、百家争鸣。

在种种热烈汹涌的思潮和激烈争论的背后，对于中国金融安全问题的深切冷静分析，尤其难能可贵。在 2014 年推出《中国金融安全评论》第一卷之后，我们继续深思与沉淀，完成了这本第二卷。既是评论，就要能够深入金融安全这一议题，综合、整合、阐析、批判，在理解的基础之上提出超越的观点。显然，要达到这一目标，绝非轻而易举。况且，金融安全关乎国家根本利益，要稳定金融秩序，避免金融动荡，确保金融安全，中国绝不能被动迎战，而应主动出击；绝不能零敲碎打、仅考虑一时之需，而应融入国家发展战略，着眼长远，系统地审视金融安全问题；绝不能比照西方实践，照猫画虎，而应立足中国实际进行规划设计。为此，我们邀请了一部分在国内金融安全研究领域颇具造诣和影响力的专家学者，于纵贯面，循近五年中国经济金融走过的跌宕之路，论析新时代中国金融安全演进之趋向；于横截面，照察金融安全宏观、中观、微观构面之综错，用数据说话，用事实说话，深入剖析若干重大事件与典型案例，探究中国金融安全之现状、问题与挑战。在此基础上，力图搭建足以描摹中国金融安全的完整概念框架，铺陈对中国金融安全相关问题鞭辟入里的阐析，以期敞亮中国金融安全研究的内部理论架构，洞见维护中国金融安全之完整图景。

著名学者余秋雨在他的著作《何谓文化》中谈道，虽然对于文化的定义有两百多个，但文化仍然"难以捉摸"，甚至于"在这个世界上，没有别的东西比文化更难捉摸"。我在想，金融安全又何尝不是如此。迄今为止，对于金融安全进行定义、描述、解说的数量已经无从统计，对于金融安全的认识仍然莫衷一是。所以，更好的方式还是从多个角度、多个层面、多个方位来观察金融安全、描述金融安全、分析金融安全、解剖金融安全、评估金融安全、维护金融安全。这也是本书选择从多个视角、多个方面来解析金融安全的原因。

对于中国的金融安全，我们有几个基本的判断：一是中国的金融安全应是整体的金融安全，即目前还不是完全意义上的金融安全，还存在着局部的金融安全隐患，还存在着某些方面或某些区域的金融风险。二是中国的金融安全是积极的金融安全，是在满足经济高质量发展需要、积极支持实体经济发展的前提下实现的金融安全，而不是消极、被动的金融安全。三是中国的金融安全是可持续的金融安全，即中国的金融安全有着坚实的政治、经济、金融、社会、文化体制和机制基础，这构成了中国金融安全的制度保障。

新时代维护中国金融安全的有利因素很多，归纳起来，一是建立和完善金融制度保障体系，夯实金融安全的基础；二是制定和实施稳健的货币政策，注重防范严重的通货膨胀，保持币值的基本稳定；三是注重发挥财政货币政策协同效应，发挥逆周期调节作用，构建稳定的经济大环境；四加强金融监管，防范金融风险，搭建完备的风险管控体系；五是金融适度分权，管控好地方政府债务风险。

毋庸讳言，尽管本书每一章每一节都是作者多年探索的心得，然而，要驾驭中国金融安全这一如此宏大的选题并加以深刻评述，非毕所谓"四库五车，收拾略尽"之功而不能得。我们真诚、热切地期待着各位读者的批评与建言。

何德旭

目　录

专题报告

Contents

Special Topic

绪　论

金融安全关乎国家根本利益，是影响国家安全的重要战略要素，是经济平稳健康发展的重要基础。随着我国金融改革日益深入、金融创新不断加快、金融开放持续扩大，维护并保障金融安全的重要性和紧迫性凸显。维护并保障金融安全，已经成为关系我国经济社会发展全局的战略性、根本性大事。

一　金融是现代化经济体系的核心

金融是经济的核心，金融体系自然是经济体系的核心。党的十九大报告明确指出，我国经济"正处在转变发展方式、优化经济结构、转换增长动力的攻关期，建设现代化经济体系是跨越关口的迫切要求和我国发展的战略目标"，应"贯彻新发展理念，建设现代化经济体系"。而要建设现代化经济体系，就必须着力打造现代金融体系这一"核心"。

建立现代金融体系对于我国实现新时代两个阶段目标、建设现代化强国具有十分重要的意义。那么究竟什么是现代金融体系，现代金融体系包括哪些内容、具有什么特征呢？现代金融体系是一个涵盖金融调控体系、金融市场体系、金融机构体系、金融监管体系、金融开放体系、金融基础设施体系等的全面系统，就其核心而言，中国特色社会主义现代金融体系应有助于解决新时代社会面临的主要矛盾，应该是普惠的，与实体经济、科技创新、人力资源协同发展的、绿色的、现代化的金融体系（何德旭，2018b）。

现代金融体系是建立在现代金融市场基础之上的由专门的体制、机制、制度、法律等规范资金、资本与资产流动的一个基本框架，具有支付清算、金融资源配置、信息传递、资产定价、风险转移与财富管理等基本功能。规模适度、结构合理、功能完善和安全高效是现代金融体系的基本要求。强大的持续经营能力、资源配置能力、政策传导能力、资产定价能力、资本流动能力、发展创新能力、风险防控能力等构成现代金融体系成熟的标志。基于这些功能，现代金融体系有助于提高储蓄投资转化效率、降低社会交易成本、推进技术革新、提高资源使用效率，从而促进经济发展。综合来看，现代金融体系具有以下几个本质特征。

第一，市场化。金融是以信用为基础的资金融通，这意味着资金的供给方对资金具有清晰的产权，资金的需求方对资金偿还具有明确的责任。否则，借用资金的主体不用偿还债务或将偿还责任无条件地分担给第三方，都会使金融体系难以有效运行。现代金融在信用上具有更高的要求，对权利和责任具有更明确的划分。而且，金融的本质是契约关系，林林总总的金融产品和金融工具都表现为金融契约，金融契约则体现为公平的市场化的金融交易约定。现代金融体系，在交易的市场公平性、市场交易契约的公正性上，具有更高的要求。还有，现代金融活动遵循市场规则，金融资源配置中注重发挥市场机制的作用，可以妥善处理好政府与市场的关系。因此，现代金融体系具有严格的市场化特征，主要内容仍表现在：产权清晰、权责明确、政企分开、管理科学。

第二，法治化。法律是金融市场运行的基础规则，法律制度的健全程度决定金融的公平性和开放性，建立现代金融制度需要建立公平有序且有效的法律环境。同时，现代金融制度明晰了各主体的行为责任、提高了信息披露水平、落实了风险行为的法律责任、提高了金融市场的参与程度。例如，对于经营业绩差、依靠政策救助的低效率夕阳企业，果断终止金融支持，将稀缺的资金配置到积极创新的企业中去，更有利于创新发展和产业结构升级。因此，推进金融法律建设的重点在于金融开放、机会公平与风险承担，这是现代金融制度构建的基础。现代金融体系的法治化表现在以下方面：一是建立公平、清晰的法律制度，使金融交易规则明确、交易机会公平开放、风险责任和权利界定清晰，在发生金融风险和金融契约纠纷时有法律作为裁决准绳，并且这一套法律体系能随着金融发展及时更新；二是建立公正、严谨的执法程序，使金融风险事件能够及时得到客观、公正的裁决，对违反规则、造成风险的行为追究相应的法律责任；三是发生金融风险事件和系统性金融风险时，根据法律和契约约束，责任主体能够公平地承担风险损失。

第三，普惠化。现代金融体系中，人们拥有享受金融服务的均等机会和权利，能够自由选择更加丰富的金融产品和金融服务类型，享有更多处置金融资产的方式和渠道（何德旭，2018b）。因此，旨在提高金融包容性的现代金融体系，其本质体现了普惠、公平、开放、民主等精神理念。构建和发展现代金融制度首先需要打破对金融资源的垄断，提高市场选择的作用和效率。从发展中国家及赶超型国家的情况来看，政府为了获取更大的金融剩余，积极动员货币、控制银行金融、提高储蓄率和投资规模、推动高投入式经济增长，一般都形成了与之匹配的垄断控制型金融体系。这种控制无形中磨灭了市场公众对金融制度的革新能力，阻碍了对现代金融制度的系统探索和有效执行。植根于市场创新的金融机制（如互联网金融），显然在不同层面上提高了金融包容性，在一定程度上挑战了传统的金融制度。正是市场经济国家竞争的氛围，更快地酝酿了互联网金融的深层次变革，使金融市场分层更为充分，使金融包容性更强。还有，国际上最新发展起来的知识产权型众筹融资，更有助于创新者摆脱行政干预、资历限制和国家经费约束，独立自主地研发创新。这些都是推动金融普惠化的重要力量。

第四，绿色化。现代金融体系将环境友好作为金融业日常运营中关注的常规风险、成本要素，成为其投融资决策的重要一极，而且金融业本身的运营也是低碳、绿色和环保的，即形成通过绿色信贷、绿色债券、绿色股票指数和相关产品、绿色发展基金、绿色保险、碳金融等金融工具和相关政策支持经济向绿色化转型的制度安排。其中的道理在于：现代金融体系必然是服务于可持续发展的经济，而可持续发展必然是绿色的、环保的发展，绝不是以破坏环境为代价的短期化粗放式增长；做到金融活动与环境保护、生态平衡的协调发展，最终才能实现经济社会的可持续发展。因此，现代金融体系的绿色化要求金融体系自身具有绿色化特征，将绿色环保、环境友好、资源节约内化为金融机构的一种意识、一种责任、一种理念，甚至成为一种习惯。金融机构能够不断朝着集约化、高效化、节能化方向发展，在此基础上，支持绿色化的实体经济持续发展。

第五，国际化。党的十九大报告提出"推动构建人类命运共同体"，与其他国家共享经济发展成果，"促进'一带一路'国际合作，努力实现政策沟通、设施联通、贸易畅通、资金融通、民心相通"。这为中国金融对外开放、中国金融的国际化定下了基调。在此基础上，中国与世界其他国家和地区的金融合作，应保持金融自信，应坚持"开放、包容、普惠、平等、共赢"这一基本方向，深化利率和汇率市场化改革，推进人民币国际化，有序推进人民币资本项目可兑换，提升跨境投资和交易便利化。值得注意的是，随着金融全球化程度日渐加深，国际金融活动日益广泛，跨国投资和风险管理成为一种常态。因此，现代金融体系的国际化趋势更加明显：一是金融机构纷纷跨境设立分支机构，进行国际化战略布局；二是金融业务跨国经营，资金跨国流动，服务于实体经济、国际贸易、外商直接投资和对外直接投资，促进国际经济合作，服务于引进国外先进技术，服务于中国企业和经济形态走出去；三是金融风险在国家间溢出，跨国风险管理成为必然；四是金融监管的国际协作加强，不仅需要金融机构遵循当地的监管法规，而且各国监管部门需要深化合作，提高监管效率。

第六，数字化。现代金融体系与科技融合发展，金融助推科技发展，而科技创新又助力金融创造出新的业务模式和产品类型，形成新型的金融业态和体系。现代金融体系借助先进的技术手段，高效、准确地筛选出具有发展潜力的创新企业，加大服务实体经济的力度，更有效地服务实体经济。例如，原有信用风险评估体系的缺陷导致金融排斥，解决此类问题必须对信用风险评估方法体系进行改进，关键不在于计量方法本身，而在于评估所关注的风险因素和信息。蚂蚁金服对客户的信用风险评估计量方法与传统方法差别不大（谢平等，2014），主要区别在于掌握了反映客户未来还款能力的风险信息，能够更准确地评估出信用风险水平。这些优势使信息掌握者具备了金融业务扩张和与公司合作的筹码，在业务扩张的过程中也提高了金融的效率。再如，人工智能尤其是机器学习在项目的融资定价估值这一环节具有天然的技术优势，人工智能通过程序设计可以对不同要素、项目数据进行准确分析，可以有效地形成行业分析和项目估值，提升一级市场股权融资效率。还有，区块链采用分布式结构，无须通过中心权威机构，运用算法建立信任；区块链上的区块信息承载功能，不仅可以记录、存储和传播所有权变更信息，而且在事后管理、监管细则方面做到了可追溯，有效解决了由信息不对称引起的道德风险和逆向选择问题；这些特征决定了区块链在股权交易后清算、结算、保管方面有着重要的作用，交易标的可以变成编码通过区块链进行传输，极大地降低了成本。因此，现代金融体系融合了最新的网络技术、信息技术、智能技术，并能有效管理金融风险。

总之，现代金融体系应是一个普惠的并与实体经济、科技创新、人力资源协同发展的且绿色的、开放的、数字化的金融体系，将有助于推动解决新时代我国经济社会面临的主要矛盾。在这样一个现代金融体系中，人们拥有享受金融服务的同等机会和权利，能够自由选择更加丰富的金融产品和金融服务类型，能够享有更多处置金融资产的方式和渠道。现代金融体系的风险与收益配置科学合理，多层次资本市场健康发展，直接融资能够满足市场需求，金融切实服务于实体经济，并从实体经济中获得不竭的利润源泉和发展动力。现代金融体系与现代科技融合发展，金融助推科技发展，而科技创新又助力金融创造出新的业务模式和产品类型，形成新型的金融业态和体系。现代金融作为一个复杂系统，需要更高层次的人力资源投入，对人这一要素提出了更高要求，所以现代金融体系更依赖人的思考和参与。为实现"把我国建成富强民主文明和谐美丽的社会主义现代化强国"这一奋斗目标，现代金融体系还应是"绿色"的，即将环境作为金融业日常运营中关注的常规风险、成本要素，成为其投融资决策的重要一极。未来，绿色金融将不是一个特殊的金融业务，也不是一个独立的金融业态，而是现代金融体系的一个固有属性，环保标准成为金融体系的标准化程序。

二　建立现代金融体系是新时代的必然选择

经过长期努力，中国特色社会主义进入新时代，中国经济发展进入新时代。在这个新时代，中国仍然需要提高发展质量，要全面建成小康社会、建设社会主义现代化强国、实现全体人民共同富裕。而要实现这些目标，就必须立足社会主义初级阶段的现实，着力解决人民日益增长的美好生活需要和不平衡不充分的发展之间的矛盾；就必须转变发展方式、优化经济结构、转换增长动力，探索经济持续健康发展的新模式。这种高质量的经济发展模式，依赖现代化经济体系的建设和运行效率。毋庸置疑，作为经济增长的助推器，金融要适应经济发展的新形势和新要求，助力攻关；特别是，作为现代化经济体系的重要组成部分，建立现代金融体系不仅十分必要，而且极为紧迫。

（一）建立现代金融体系与建设现代化经济体系

党的十九大报告提出，"贯彻新发展理念，建设现代化经济体系"。现代化经济体系的核心在于，通过构建市场机制有效、微观主体有活力、宏观调控有度的经济体制，建立实体经济、科技创新、现代金融、人力资源协同发展的产业体系，从而实现质量第一、效益优先、持续提高全要素生产率。现代金融体系是现代化经济体系的重要构成部分（何德旭，2018b），也是现代化经济体系的重要标志，对现代化经济体系的运行效率具有重要影响。建立现代金融体系，是建立现代化经济体系的迫切需要。

金融体系是经济体系的重要构成部分，只有构建了现代金融体系，现代化经济体系才是一个完整、全面的体系。一方面，金融机构不仅为各类市场经济交易主体提供资金存储和放贷的金融中介服务，降低"搜寻成本"（Goodhart，1989）和"交易成本"（Chant，1992），而且为各类市场经济交易主体生产信息、提供信息（Chan，1983），在市场主体中具有不可或缺的地位；另一方面，金融市场是市场体系的主要构成部分，各类市场、各类行业的资金融通主要通过金融市场来完成交易和流通。因此，作为现代化经济体系的主要构成部分，现代金融体系必不可少。

金融体系是经济体系现代化程度的重要标志，只有建立了现代金融体系，现代化经济体系才可能初步建立。这主要体现在以下方面：金融体系特别是货币市场和资本市场（包括股票市场、债券市场等）的市场化程度最高，而市场化是现代化经济体系的重要标志；而且金融体系与其他经济体系或市场相比，信息化最充分，现代化经济体系的核心功能之一就是解决信息不对称问题、降低交易成本。因此，作为现代化经济体系的重要标志，现代金融体系不可或缺。

现代金融体系对现代化经济体系的运行效率具有重要影响，只有建立了现代金融体系，现代化经济体系效率才能得以提高。这是因为，金融体系生产信息，例如，价格信息（商品现货价格、期货价格甚至企业价格），这些信息决定着经济体系的交易效率；同时，金融体系与各个行业、各个企业甚至每个个人都有经济交易联系，金融体系运行效率决定着支付效率和资金周转速度，影响着经济体系交易风险和信用风险的程度，进而影响经济体系中各类经济活动的完成速度，影响经济体系运行的稳健程度。因此，为了保障现代化经济体系的运行效率，就必须加快建立现代金融体系。

（二）建立现代金融体系与经济高质量发展

党的十九大报告强调，"我国经济已由高速增长阶段转向高质量发展阶段"。经济高质量发展的重要标志之一就是高质量的创新。现代金融体系的运行效率，在很大程度上决定着创新项目的融资速度和完成速度，决定着经济发展的质量水平。金融体系发展水平对企业的技术创新投资行为具有重要影响，有时甚至决定着创新项目的质量、风险和成败。

相关研究文献从金融规模、金融制度、金融结构等角度，分别在微观企业创新投资、产业创新活动金融需求和宏观经济增长中金融与技术的关系等层面，论证了金融发展的技术创新助推效应。例如，Schumpeter（1942）提出，银行信贷为企业技术创新提供了支付服务，从而便利了企业家的创新活动；从微观企业创新到经济结构升级，需要金融体系来推动，银行系统信用的扩张及收缩，是导致经济活动结构重大转变的核心机制。再如，King 和 Levine（1993）总结出金融推动技术创新的三种机制：一是金融机构对企业家所进行的风险性创新活动进行评估和提供融资，进而对技术创新产生筛选作用和推进作用；二是金融机构评估技术创新所产生的成本，随着金融发展和体系壮大而逐渐降低，进一步促进技术创新和长期经济增长；三是在消费效用非线性函数假设下，金融体系使得创新活动的风险得到分散，从而促进企业的技术创新。

在金融结构方面，林毅夫等（2009）、Lin 等（2013）、龚强等（2014）的研究提出，风险相对较低的成熟稳定行业的技术创新更适合银行融资，风险较高的前沿性创新行业的技术研发更适合金融市场融资。此外，还可以通过金融利率调整影响企业技术创新投资的资金成本，从而实现对技术研发的助推效应。建立现代金融体系就是通过完善金融制度、优化金融结构、改进金融机制，能够最大限度地提高金融体系对航天、网络、交通、数字、智慧、智能等前沿引领创新项目的筛选效率，提高对中小企业创新的支持效率，提高科技成果转化效率。

（三）建立现代金融体系与建设金融强国

党的十九大报告提出，"在本世纪中叶将我国建成富强民主文明和谐美丽的社会主义现代化强国"。显而易见，现代化强国必须首先是一个金融强国。

从国际经验来看，世界性的现代化强国都是金融强国。世界性的现代化强国，例如，美国、德国、英国、日本、法国等国家，都具有强大的现代金融体系，都拥有世界性的金融中心，聚集了大量金融机构和相关服务产业，全面集中地开展国际资本借贷、债券发行、外汇交易、保险等金融服务，并且能够辐射和影响全世界的城市或地区。美国的纽约、英国的伦敦、日本的东京、德国的法兰克福等城市，都是国际金融中心，拥有现代化的金融体系。中国在建设现代化强国的过程中，有必要在保持香港国际金融中心地位的基础上，加快建设上海、深圳、北京等国际或国内金融中心，构建现代金融体系。

事实证明，一国拥有强大的现代金融体系，可以在全球范围内拥有具有较大影响力的定价权和交易权，在全球经济往来中拥有话语权，而这决定着一国在全球中的位置和格局，决定着一国能否公平地从经济全球化、金融全球化的进程中获得自身利益，决定着一国在全球经济中的强大程度。我们看到，美国拥有全球最现代化的金融体系和金融市场，利用其金融与资本实力，在全球商品与服务特别是大宗商品的价格上，就具有非常大的影响力和话语权。

中国已经是一个金融大国，无论金融机构的数量、金融体系的规模还是金融市场的交易量、外汇储备水平等都居世界前列。但我国金融服务实体经济的能力和水平、金融监管能力和风险防控能力、金融创新能力等还不强。必须通过打造现代金融体系，建设金融强国。

（四）建立现代金融体系与建立现代产业体系

党的十九大报告提出，"着力加快建设实体经济、科技创新、现代金融、人力资源协同发展的产业体系"。金融体系的现代化程度，在很大程度上决定着实体经济、科技创新、现代金融、人力资源这一现代产业体系的协同程度。第一，金融是实体经济的润滑剂，现代高效的金融体系有利于提升实体经济的效率；第二，金融机制对科技创新具有重要影响，对项目转化和技术进步具有重要作用；第三，金融体系效率对创新人才、管理人才的才能发挥具有显著的影响。建立协同的现代产业体系，需要建立高效、创新的现代金融体系。

三 中国金融改革成就为金融安全奠定了坚实基础

党的十八大以来，在全球政治经济金融局势发生重大变化和变革的背景下，在以习近平同志为核心的党中央坚强领导下，我国金融改革发展取得了新的重大成就，我国已经成为重要的世界金融大国，金融服务实体经济的能力和水平显著提升，守住了不发生系统性金融风险底线，有力地支持和促进了经济社会持续稳定健康发展，为保障金融安全奠定了坚实基础。

一是货币政策调控日趋灵活精准，金融监管能力显著增强，为保障金融安全筑牢了扎实的监管基础。多种货币政策工具的创设与实施为宏观调控框架转型创造了条件，有效地维护了金融稳定并为经济社会发展营造了适宜的货币环境；差别准备金动态调整机制"升级"为宏观审慎评估（MPA），完善了跨境资本流动宏观审慎框架，初步形成了"货币政策＋宏观审慎政策"双支柱金融调控政策框架；"穿透式监管"有效地防范化解了地方政府融资平台、房地产、交叉金融业务等重点领域信用风险，金融业"脱实向虚"势头得到了一定程度的遏制；从建立一行三会监管协调联席会议到国务院金融稳定发展委员会的设立，强化了金融监管的统筹协调、互联互通与信息共享，确保了政策工具在方向、时机和力度上的协调配合，填补了监管空白，防止了监管套利；在国际金融监管合作方面，我国积极履行金融稳定理事会和巴塞尔银行监管委员会成员的职责，深度参与国际金融监管改革，在国际监管改革方案和标准制定中的话语权大大提升。

二是金融机构整体实力明显增强，多层次金融市场体系日臻完善，为保障金融安全积累了丰富的应对经验。金融机构服务实体经济能力进一步提升，金融产品日益丰富，金融服务的普惠性明显提高，防控风险能力显著增强，有力地支持了国家重大战略和国民经济的重点领域、薄弱环节；金融市场广度和深度不断扩大，覆盖多方面经济社会需求的多层次资本市场体系和结构已初步形成，资本市场规模已居于世界前列；

建立了银行间市场为主、交易所市场和银行柜台为辅、场内和场外市场相互融合的债券流通市场体系，债券品种期限和收益率结构日益优化；以互联网金融为代表的创新型、市场化金融业务异军突起，第三方支付、网络贷款和众筹等业务蓬勃发展，中国已经成为全球互联网金融第一大国。

三是金融市场定价机制不断完善，利率和汇率市场化改革取得重要进展，为保障金融安全创造了重要的市场条件。利率市场化改革实现突破，市场利率定价自律机制不断建立健全，上海银行间同业拆借利率、国债收益率曲线、贷款基础利率等金融市场基准利率体系的培育应用对促进经济结构调整和转型升级发挥了积极作用；人民币汇率市场化改革按照主动性、可控性和渐进性的原则稳步实施，增强了汇率形成机制的规则性、透明度和市场化水平，汇率弹性显著增强；金融市场参与者日渐成熟，"刚性兑付"和"隐性担保"的市场预期正在改变，为进一步发挥市场在金融资源配置中的决定性作用、更好地支持实体经济发展创造了条件。

四是人民币国际化水平显著提高，金融业对外开放取得新进展，为保障金融安全创造了良好的外部环境。目前，人民币跨境使用逐步扩大到直接投资乃至几乎所有经常项目，人民币已经成为全球第六大支付货币、第三大贸易融资货币以及第五大外汇交易货币；2016 年 10 月 1 日，国际货币基金组织（IMF）正式将人民币纳入特别提款权（SDR）货币篮子；截至 2017 年 9 月末，有 60 多个国家和地区的中央银行或货币当局把人民币纳入其外汇储备篮子。在金融对外开放方面，QFII（合格境外机构投资者）和 RQFII（人民币合格境外机构投资者）扩容并进一步放开，沪港通、深港通、债券通相继开通实施，我国货币、股票、债券市场与国际市场联系更加紧密；外资银行准入和经营人民币业务的条件逐步放宽；国内金融机构"走出去"的步伐持续加速；中国牵头成立亚洲基础设施投资银行、金砖开发银行，设立丝路基金，发起"一带一路"倡议，在国际金融领域扮演着越来越重要的角色。

第一章　新时代对金融安全提出新要求

第一节　金融安全的传统内涵

金融安全不仅是经济安全、国家安全的重要组成部分，还是影响经济安全和国家安全的重要因素。金融安全事关一国经济社会发展全局。金融安全一直是学术界研究的一个重要方向，学者们从不同角度阐释了金融安全的内涵和要义。国内较早研究金融安全内涵的是王元龙。他将金融安全分为两个层面，一个是货币资金融通的安全，另一个是国际收支和资本流动的安全（王元龙，1998）。梁勇（1999）则从抵御内外冲击角度提到金融安全指金融制度和金融体系正常运行与发展。刘沛和卢文刚（2001）对金融安全做了广义和狭义的区分，广义金融安全是在拥有国家主权的前提下，经济和金融领域的动态均衡；狭义金融安全主要是针对金融和货币领域的动态均衡状态。符莉（2002）列出了金融安全的表现，即无明显的金融风险，无重大金融财产实际损失，金融市场稳定，金融机构健全，金融运行有序，金融监管主动有效，整个金融业稳健发展，未因客观经济金融因素使金融政策偏离既定目标，金融运行也未对政治、经济、军事等的安全造成负面影响，既有金融体系、金融机构自身的安全运行，又包括了金融运行对经济社会发展的正向影响。刘锡良（2004）认为，金融安全是指金融功能能够正常履行，包括微观、中观、宏观三个层面，即金融机构能够提供流动性、降低交易成本，金融行业能够发挥交易服务、交易中介和证券转换三大功能，能够正常履行货币政策职能，整个金融体系健康运转。蒋海和苏立维（2009）认为金融安全涵盖宏观经济、微观金融和国际金融三个层面的内容。何德旭和娄峰（2012）则从宏观经济安全、中观经济安全、微观金融市场机构和国际外部风险冲击四个层面刻画了金融安全。张安军（2014）认为实现金融安全，既要具备安全的条件，又要具备安全的能力，金融安全包括对外债务偿还、外资银行进入、国际游资冲击、国际信用评级、宏观经济运行、银行机构运行、金融体制建设、资产价格泡沫等内容。卞永祖等（2017）将一个国家的金融安全划分为六个维度，即货币、债务、信息、资产、市场和监管，并将其表述为"金融安全的蛛网图"。

第二节　互联网时代的金融安全内涵

上述学术成果反映了不同时期金融发展及金融安全内涵。随着金融发展以及人们对金融安全的认识的深化，金融安全内涵和外延不断发生变化。金融安全的外延不断扩大，从金融体系的安全扩大至宏观经济安全和国际金融安全，甚至国家安全，既包括金融产品、业务的安全，又包括金融体制机制的安全，既有金融体系本身的安全，又有金融与其所在的经济社会系统之间相互作用、相互影响过程中的安全。如今，互联网技术在改变人们生产、生活方式的同时，也在改变着金融的发展模式和方向。互联网时代，在传统内涵与外延的基础上，金融安全还包括网络"第四空间"金融安全、互联网与传统金融对接的通道安全。特别的，由于互联网金融的产生与发展基于金融科技，因此在互联网时代，金融安全还包括金融科技安全，即金融科技有序、可持续发展，金融科技在改造金融体系的同时促进金融平稳过渡与发展，依托科技手段开展金融业务时不发生风险。

互联网是中性的技术设施，金融是经营资金与风险的行业。"互联

网 + 金融"，金融风险将流入互联网；"金融 + 互联网"，互联网将使金融风险的传播更加"快捷"。互联网时代，金融风险伴随金融业务在网络"第四空间"传播，增加了新的风险传染渠道，并由于传统金融与互联网的结合而有了新的表现形式。

金融风险传染是以金融资产为介质的风险在金融机构之间进行传递蔓延，是发生系统性风险的通道。金融机构之间形成了基于信用的复杂的债权债务网络和同业支付清算系统，金融风险传染内生于金融体系，一家机构发生困难或破产，将很快传导至其他机构。在互联网时代，由于信息高速流动、广泛传播，点与点的连接更加密切，金融风险传染更加迅速，波及范围更广。金融风险互联和溢出效应更加明显。新型金融机构带着互联网基因的加入，不仅增加了新的风险种类，还使风险传染更加复杂和广泛，这为金融安全提出了新的挑战。人们对新型风险和新的风险传染方式缺乏认知使得这种挑战更加严峻。对互联网时代金融安全的学术研究和政策调整有着重要的时代意义。

第三节　高质量发展对保障金融安全的要求

中国特色社会主义进入新时代、经济发展进入新时代的基本特征，是我国经济已由高速增长阶段转向高质量发展阶段。针对高质量发展亟待补齐的短板，中央经济工作会议明确要求"今后 3 年要重点抓好决胜全面建成小康社会的防范化解重大风险、精准脱贫、污染防治三大攻坚战"，而"打好防范化解重大风险攻坚战，重点是防控金融风险"。

一　保障金融安全是补齐新时代高质量发展突出短板的重要环节

从国内来看，当前制约高质量发展的短板，亦即金融风险的主要源头是三个"不畅"。

一是金融与实体经济循环不畅。当前及今后一段时期，我国实体经济的主要风险将集中体现为经济增速下滑、产能过剩、企业困难加剧和失业率上升。金融作为实体经济的镜像，在经济周期、结构失衡、体制转轨等因素叠加共振之下，将面临杠杆率高位盘桓以及商业银行不良资产风险、房地产市场风险、债券市场违约风险、互联网金融风险、股票市场风险、地方政府债务风险、影子银行风险、外部冲击风险等各类风险相互交织、错综复杂的严峻形势。尤其是仍有待于进一步遏制的资金"脱实向虚"，既不利于实体经济转型升级，也严重恶化了实体企业的资产负债表；而实体经济下行会加大信用风险的暴露，在经济周期和流动性收紧的催化下，侵蚀金融机构的风险抵御能力。

二是金融与房地产循环不畅。金融资源过多地集中于房地产，房地产部门呈现高价格、高库存、高杠杆、高度金融化和高度关联性等特征，资产泡沫风险明显加大；而高房价又吸引各种社会资本涌入，进而加剧房地产市场的扭曲，并在一定程度上挤出了实体经济的发展。房地产市场一旦深度调整，将会打击一系列相关行业的正常发展，导致金融机构资产质量恶化、地方财政负担加重甚至系统性金融风险，并且这种风险很可能是"财富幻觉"消失后的"断崖式"下跌风险，极可能引发金融乃至经济动荡。

三是金融体系内部循环不畅。集中体现为金融乱象：一些金融机构和企业利用监管空白或缺陷"打擦边球"，套利行为严重；理财业务多层嵌套，资产负债期限错配，存在隐性刚性兑付，责权利扭曲；各类金融控股公司快速发展，部分实体企业热衷投资金融业，通过内幕交易、关联交易等赚快钱；线上线下非法集资多发，交易场所乱批滥设，极易诱发跨区域群体性事件。这些金融风险隐患，具有极大的隐蔽性、突发性、传染性和危害性。不仅如此，我国金融风险与财政风险相互交织，风险结构日趋复杂，一旦发生"灰犀牛"事件，将极易引发系统性金融风险。

从国际方面来看，习近平总书记明确指出，"一些国家的货币政策和财政政策调整形成的风险外溢效应，有可能对我国金融安全形成外部冲击"。2008年美国金融危机以来，全球主要国家量化宽松政策带来的货币增量中的相当部分并未进入实体经济，而是在金融体系内"空转"逐利而动，大量廉价资本在国际上的流动加剧了全球金融市场的动荡。美国量化宽松政策的退出及其后的加息、缩表、减税迫使全球主要经济体为避免资本流失、投资下降、失业加剧而不可避免地跟进，有可能引发一轮全球加息减税浪潮。强势美元叠加资本外流，对人民币构成双重减值压力；而美国政府加息、缩表、减税等一系列政策的持续推进，亦会使以人民币计价的资产价值承受被动萎缩的压力。

面对新时代高质量发展，防范金融风险、保障金融安全是重要环节。中央经济工作会议明确提出，"要服务于供给侧结构性改革这条主线，促进形成金融和实体经济、金融和房地产、金融体系内部的良性循环，做好重点领域风险防范和处置，坚决打击违法违规金融活动，加强薄弱环节监管制度建设"。这一决定高屋建瓴、高瞻远瞩，是中央为补齐新时代高质量发展突出短板所做出的重大战略部署，为打好防范化解金融风险攻坚战、保障金融安全指明了方向。

二 保障金融安全是一个系统工程

随着中国经济从高速增长阶段转向高质量发展阶段，中国金融既要参与其中，又要为经济高质量发展"保驾护航"。无论是自身的高质量发展，还是服务于经济的高质量发展，都对金融安全提出了更高要求。保障金融安全本身是一个系统工程，牵一发而动全身。从主体上看，政府授权金融监管机构出于国家安全、经济运行安全、保障民生等公共目标，监管金融机构和金融市场，处置风险造成的损失，减轻风险带来的不良影响，维护金融安全；金融机构出于盈利目标在各个投资主体之间实现资金与风险配置，通过管理风险，维护自身的安全运行；投资者为获取收益在安全与风险资产中进行配比，在获得盈利的同时，保障自己的资产安全。从空间上看，在金融全球化、金融混业经营、金融市场和金融业务联系与合作越来越密切的背景下，风险传染使得没有哪个国家、哪家机构能够在金融风险发生时置身事外、独自保全。从时间上看，金融运行的任何时间点都有可能发生风险，都需要时时刻刻关注金融态势。因此，必须有重点、有兼顾地推进。

一是兼顾金融发展与金融安全。虽然我国金融业发展取得了巨大成就，已经成为推动经济社会发展的重要力量，但同时也出现了一些金融安全方面的问题。例如，资金在金融体系"空转"，杠杆高企，金融资源"脱实向虚"，跨行业、跨市场、跨区域金融创新产生交叉性金融风险并相互传染，传统金融风险与新的互联网金融风险并存，金融混业发展与分业监管形成监管真空和套利空间，金融监管难以跟上金融创新的步伐，等等。对此，在发展中要强化安全能力建设，切实保障金融安全，为金融发展创造宽松的环境，同时强化和改善金融监管。

二是金融机构要切实承担风险管理责任。金融机构风险管理是维护金融安全的"龙头"，金融机构管控好风险，既是自身经营的要求，又可以减轻金融监管的压力。一方面，金融机构运营过程时时充满风险，需要在运营过程中做好基于客户的风险管理，从而降低自身面临的信用风险；另一方面，金融机构要强化内部管理，理顺公司治理机制，降低市场风险、流动性风险和操作风险。同时，金融机构还要把握好内外风险管理的"度"。如果对外风险管理过度，即金融机构为了降低风险而选择性"不作为"，就容易导致中小微企业融资难融资贵、农村金融资源不足、普通投资者投资渠道和投资产品缺乏等供给侧结构性问题；如果对内风险管理过度，则可能会提高运营成本、降低金融服务水平；如果对外风险管理过宽，即金融机构未做到应查尽查、该拒则拒甚至"放水"，必然会使风险事件发生，造成风险损失甚至引发金融危机，如互联网金融机构对投融资双方资质审查不严格而使风险积聚；如果对内风险管理过宽，那么金融机构就会成为风险聚集地，成为金融危机爆发的源头。

三是注重防患于未然。经济金融全球化使得金融危机和政策风险外溢性凸显，"黑天鹅"事件频发，特别是对新技术的使用催生了第三方支付、P2P网贷、互联网银行、众筹、平台金融等依托互联网的金融机构、金融产品和金融服务，金融普惠到更加广阔的范围。这些都可能成为金融风险的重要来源。

第四节 打好防范化解金融风险攻坚战

在全面建成小康社会决胜阶段、中国特色社会主义进入新时代的关键时期，面对国内外形势正在发生的深刻复杂变化，党中央明确提出，"打好防范化解重大风险攻坚战，重点是防控金融风险"。习近平总书记指出，面对波谲云诡的国际形势、复杂敏感的周边环境、艰巨繁重的改革发展稳定任务，我们既要有防范风险的先手，也要有应对和化解风险挑战的高招；既要打好防范和抵御风险的有准备之战，也要打好化险为夷、转危为机的战略主动战。打好防范化解金融风险攻坚战，必须做到"战而有策、战而有备、战而有术"。

所谓"战而有策"，就是要立足我国经济社会发展全局，以党中央的政策方针为指引，以服务实体经济为防控金融风险的根本。一是要坚持加强党的领导，确保金融改革发展的正确方向。把思想和行动统一到党的十九大精神上来，按照高质量发展的要求来部署新时代防范金融风险的攻坚战，确保国家金融安全。二是要坚持金融服务实体经济这一根本。全面提升金融服务实体经济的效率和水平，提高直接融资比重和金融资源配置效率，充分发挥金融在服务供给侧结构性改革、促进产业转型升级、支持国家战略推进等方面的关键性作用。要继续采取措施，减少资金空转、层层嵌套和监管套利，减少由此产生的跨市场、跨行业、跨区域的金融风险。坚定不移地推动去杠杆去产能，更加有力地支持实施重大战略和培育新动能，更加精准地补足薄弱领域金融服务短板，更加有效地降低实体经济融资成本。三是要紧紧抓住金融和实体经济、金融和房地产、金融体系内部"三个良性循环"的牛鼻子，从实体经济、房地产、金融系统等几个方面来系统发力，金融系统一端要严防严控风险，实体经济一端要深入推进供给侧结构性改革，房地产一端要改革完善住房制度和建立房地产市场可持续发展的长效机制，从根本上防控金融风险。

所谓"战而有备"，就是要组织全面保障、夯实备战基础，切实做到习近平总书记要求的"对存在的金融风险点，我们一定要胸中有数，增强风险防范意识，未雨绸缪，密切监测，准确预判，有效防范，不忽视一个风险，不放过一个隐患"。一是要健全金融风险预警体系，不断加强金融风险的监测与评估，强化对企业债务风险、银行资产质量和流动性变化情况等领域的风险监测及防范。针对阻碍"三大良性循环"的风险要素，梳理排查每个风险节点的成因、机理、传染渠道及外部性，进一步完善金融安全预警体系，有效降低应对金融动荡的信息不对称程度，努力做到金融风险全覆盖。二是加大金融基础设施建设力度，包括：继续完善会计审计制度，扼制企业的风险承担倾向，夯实新时代金融风险攻坚战的实体基础；加快推进金融信息化建设，逐步增加在国际金融领域重要环节的规则制定权和话语权；加快推进防范金融风险的立法工作，加强金融机构公司治理机制的建设，完善有关资本配置的法律制度。三是继续推进金融市场基础制度的建设和完善，筑牢金融业发展和金融风险防范的根基，特别是针对金融"脱实向虚"问题，不断优化营商环境，通过财税、金融、劳动力、资本市场、政府服务等多个方面的改革，切实降低企业经营成本和制度性成本，激发实体经济活力；通过改革加快建设开放、有序、公平竞争的市场体系，维护市场正常秩序，提高金融资源配置的效率。

所谓"战而有术"，就是要做到目的明确、重点突出、密切协同，"形成全国一盘棋的金融风险防控格局"。一是要合纵连横，形成阻隔金融风险的合力，包括：充分发挥国务院金融稳定发展委员会领导下的监管协调机制作用，建立一个全面、统一、基础设施共享、监管协调有效的监管框架，形成分工合理、监管标准和监管政策统一、协调有效的金融监管机制；加强国际金融监管协作，加强信息交换、政策的相互协调、危机管理和联合行动，完善全球金融治理体系，促进国际金融监管向相对集中统一、公开透明、务实高效的方向发展；进一步健全货币政策和宏观审慎政策双支柱调控框架，努力畅通货币政策传导渠道和机制。二是要查漏补缺，加强薄弱环节监管制度建设，严厉整治金融市场乱象，建立良好的金融秩序。包括：突出功能监管，对功能相似的金融产品要按照统一规则进行监管；统一资产管理业务的标准规制，强化实质性和穿透式监管；全面实施金融机构和业务的持牌经营，打击无照经营；规范产融结合，打击乱办金融和非法集资活动；强化影子银行监管，建立健全资产管理的统一监管框架，在表内业务与表外业务、管理中介与信用中介、投资范围与限制范围、风险防控等领域重点强化监管，减少监管漏洞和监管空白。三是要各个击破，做好重点领域金融风险防范和处置。包括：坚持积极稳妥地"去杠杆"，把国有企业特别是僵尸企业"去杠杆"作为重中之重，强化微观主体的市场主体地位和市场配置资源的决定性功能；货币政策要保持稳健中性，适应货币供应方式的新变化，有效运用创新型流动性管理工具，调节好货币供给闸门，保持货币供给与经济增长的内生需求相一致；有效防控信用风险，标本兼治地妥善化解地方政府隐性债务风险，积极防控房地产领域风险，进一步规范交叉性金融业务，确保金融安全高效稳健运行。

第二章　中国金融安全面临现实挑战

毋庸讳言，我国金融领域还存在一些风险隐患。从国内看，互联网金融、股票市场、债券市场、影子银行、房地产市场、交叉性金融等不同风险相互交织、错综复杂。从国际看，2008 年国际金融危机爆发以来，一些国家实施量化宽松的货币政策，大量廉价资本在国际上的流动加剧了全球金融市场波动，量化宽松政策退出及其后的加息预期又给新兴市场带来严重的资本流出和金融风险冲击。

第一节　商业银行风险：表内、表外与系统

我国是一个银行主导的金融体系。我国银行业发展远快于经济增长，过去 10 年，我国银行业经历了一个蓬勃发展的时期，资产规模增速远远超过了经济增长速度，并成为全球规模最大的银行业。我国银行业资产增长远快于经济增长。我国是银行主导的金融体系，银行业是金融体系最重要的组成部分。2019 年，我国银行业金融机构本外币资产总额为 290 万亿元，同比增长 8.1%。我国银行业已成为全球第一大银行业，资产占 GDP 的比重高于主要经济体。根据英国《金融时报》的报道，我国银行业在 2016 年底超越欧洲成为全球最大规模银行业，中国、欧洲、美国和日本银行业位列全球前四大银行业，资产规模分别为 33 万亿、31 万亿、16 万亿和 7 万亿美元。中国银行业资产规模是国内生产总值（GDP）的 3 倍，亦远高于欧洲、美国、日本。

银行部门的风险关系到金融体系的系统性风险。整体来看，由于宏观审慎评估体系（MPA）、金融去杠杆等政策实施以及银行业业务结构调整，我国银行业是全球最为稳健的银行业之一，不存在系统性风险。一是资本较为充足。2019 年第四季度，商业银行（不含外国银行分行）核心一级资本充足率为 10.92%，一级资本充足率为 11.95%，为国际领先水平。二是减值准备较为充足。2019 年第四季度，商业银行贷款损失拨备覆盖率为 186.08%，是较为稳健的水平。三是信贷资产质量整体较好。2019 年第四季度，商业银行不良贷款余额 2.41 万亿元，不良贷款率 1.86%，与上季持平。四是流动性水平稳健。2019 年第四季度，商业银行流动性比例为 58.46%，人民币超额备付金率为 2.61%，商业银行整体没有重大的流动性问题。

然而，随着金融改革的深化，我国金融体系的风险日益显性化，银行部门的风险亦逐步暴露。经济下行过程中的诸多风险可能尚未全面地反映到银行体系之中，银行部门面临较为显著的风险环节，且风险呈现加速累积的状态，可能引发重大的风险。主要体现为银行体系表内风险、表外风险和系统性影响的风险。

一 银行业资产负债表内风险

一是信用风险暴露导致的不良贷款问题。例如，2019 年第四季度，我国不良贷款规模为 2.41 万亿元，而关注类贷款余额高达 3.77 万亿元，同时还需要考虑银行机构不良贷款和关注类贷款统计是否充分及其潜在的影响。

二是过剩产能产业的大型企业资产负债表风险转移至银行资产负债表的风险。"三去一降一补"政策的实施使得产能过剩行业的资产负债表风险大大降低，但是，政策的边际效率正在明显下降，产能过剩行业的资产负债表风险有重新显现的趋势。

三是高风险资产的加速配置和主动负债的盛行。在经济下行过程中，资产收益率持续下降，银行资产负债匹配面临新难题，即"资产荒"，银行很难获得此前收益率高、风险较低的资产，银行被迫转向收益率较高的房地产市场以及风险更高的资产类别。2015年以来，风险权重相对更高的债券投资、股权投资和其他投资成为流动的资产配置方式，贷款在银行资金运用中的比重则相应降低。银行部门资金运用中，贷款的比重已经从2014年底的近85%下降至2019年底的约73%，资产配置高风险化是表内风险重要的体现。

二　银行资产负债表外的风险

银行资产负债表外的风险主要表现为银行机构与其他金融机构的关联性风险，即影子银行体系的风险。国内影子银行与商业银行的关联性十分密切，很多从事的是商业银行被政策限制的信用业务，即商业银行的"影子"业务，形成非传统信贷体系。国内影子银行很大程度上是"银行的影子"，例如，银行与信托等其他金融子行业合作中就存在银行变相给地方平台、房地产部门、产能过剩企业发放信用贷款或信用支持的现象。

国内影子银行机构及其业务存在较多的监管套利现象。国内影子银行并非不受监管，但是，由于分业监管与混业经营存在制度性错配，很多影子银行机构从中进行监管套利。国内影子银行在分业和机构监管范畴内基本没有实质性的监管空白，但是，从整体金融体系上，国内影子银行又存在诸多的风险环节和监管规避。很多影子银行业务通过大资产管理行业进行，2017年底大资产管理行业（未剔除交叉）规模超过120万亿元。

随着资产管理新规和银保监会与证监会在各自领域的监管配套细则的出台，资产管理行业统一、功能监管框架基本形成，但是，在统一监管强化过程中，流动性风险和偿付风险将可能更加显著；同时，此前表外业务可能难以全部消失，可能通过新的创新或监管规避迂回进行，形成新的表外风险。

三　银行部门潜在的系统性风险

银行部门潜在的系统性风险之一体现为系统重要性。由于银行部门在我国金融体系的主导作用，综合考虑银行部门的表内和表外风险，银行机构风险可能触发金融市场体系的风险，即银行部门可能引发的系统性风险。银行业资产规模超过 290 万亿元，是 GDP 的 3 倍左右，银行业如发生重大风险，那么其应对、处置或救助就需要巨量的资金支持，这将带来重大的资源挑战。

银行部门潜在的系统性风险之二体现为流动性风险。银行资产负债结构的调整使得对短期融资市场依赖程度大大提升。隔夜拆借规模从 2015 年 2 月的 1.34 万亿元飙升至 2016 年 8 月的 9.44 万亿元。2016 年 8 月后，中国人民银行主动进行金融部门去杠杆并取得了积极进展，2017 年中期隔夜拆借月度规模下降至 6 万亿元左右，但是，2018 年第一季度后又飙升至 10 万亿元左右。此前，中国人民银行主动进行去杠杆以来，银行间市场流动性的脆弱性就表现出来，整体收益率曲线上移，流动性整体呈现偏紧状态，流动性风险就显性化。2018 年第一季度以来，中国人民银行采取了稳步推进、相机而动的去杠杆操作，并对流动性管理不断完善，使得收益率持续小幅下行，保持了流动性相对稳定，但是，可以看到整个市场流动性的脆弱性是在提升的，流动性风险及其潜在的系统性冲击机制不容忽视。

第二节　债券市场风险：债券违约

2018 年以来，信用债违约集中爆发，新增的信用债违约主体数量和所涉金额均较前期显著攀升。在稳增长和支持民营企业融资政策的持续推进下，债券市场信用风险边际改善。但在当前外部环境复杂严峻、经济下行压力增大、叠加金融严监管持续的情况下，企业间分化加剧，紧信用格局难以在短期内扭转，债券市场违约风险仍高，值得高度警惕。

一　债券违约的主要表现

（一）信用债违约主体数量及所涉金额明显增加

2018 年 1 ~ 12 月（截至 12 月 18 日），有 51 家信用债（仅统计在交易所及银行间市场发行并转让的信用债）发行主体共计139只债券发生违约，涉及金额1413亿元，远超2016年全年56只债券共计392亿元的违约额。其中，新增的违约主体有47家；9~10月两个月内累计新增违约主体15家；9月底仅一周时间就有5家发行主体首现信用债违约。无论是违约的规模还是违约的主体数量，均达到历史最高水平。部分主体由于拥有较大规模的存量债券，发生债务违约对市场产生的影响巨大。例如，5月首发违约的上海华信已有10只债券发生违约，涉及金额251亿元；7月首发违约的永泰能源由于触发交叉违约条款，当前已有26只债券合计金额244亿元发生违约。这类企业后续仍有存量债券集中到期面临兑付困难，对市场造成了严重的冲击。

（二）信用债违约主要集中在民营企业且开始向上市公司扩散

2018年信用债违约主要集中在民营企业（除国有企业以外的民营、外资及集体企业）且开始向上市公司扩散。一是新增的国企违约主体减少。2017年国有企业无新增违约主体，截至2018年11月末共新增6家国有企业违约主体，其中美兰机场和兵团六师均在违约后一周内完成兑付，未构成实质性违约，新增国有企业违约主体数量少于2016年。二是民企违约所涉金额占比增大。2015~2016年，民营企业发生违约所涉金额占当年全部违约金额的比重在50%左右，而2017年则达到83%，截至2018年11月末，民营企业发生违约所涉金额占比已超过当年全部违约金额的89%。三是发生违约的上市公司显著增加。2018年以前，爆发债务违约的信用债发行主体多为非上市公司。自2014年发生信用债违约以来，2014~2017年，仅有4家上市公司发生债务违约，占发生债务违约企业的比重仅有7%。截至2018年12月18日，已有15家上市公司首现信用债违约，占当年新增违约主体的比重达38%，所涉违约金额占比达30%。由于上市公司对资本市场的影响大，所以这类主体发生债务违约往往会加速其股价下跌，进一步增大其流动性压力。

（三）违约企业所涉及的行业增多

2015~2016年，信用债违约主要发生在钢铁、煤炭、光伏等产能过剩的行业，行业景气度持续走低引起行业内部分效率低下的企业盈利大幅下滑，进而导致了大规模债务违约的爆发。例如，钢铁行业的中国中钢、东北特钢，煤炭行业的川煤集团，光伏行业的协鑫集成、天威英利，造船行业的国裕物流、春和集团，等等。而 2018 年，新增的 38 个违约主体共涉及 14 个行业，除传统的商业贸易、采掘等行业内企业发生信用债违约以外，传媒、电子、房地产等行业均为首次出现信用债违约主体。

二 债券违约的主要原因

2018 年的信用债违约主要集中在两类企业。一类是商贸、公用事业等需要垫资运营的企业，这类企业的利润率低，对外部融资高度依赖。例如，发生违约的商贸企业大连金玛、上海华信、飞马投资和华阳经贸，还有环保领域的盛运环保、凯迪生态、神雾环保，它们均属这一类别。另一类是快速加杠杆实现多元化扩张的企业。快速加杠杆导致这类企业偿债压力巨大，正常履约严重依赖再融资，如发生违约的永泰能源、金鸿控股、中弘控股、新光控股等。永泰能源近年来通过兼并收购的方式将业务板块由煤炭与电力延伸至石化贸易、金融等领域，2018年 6 月末，带息负债规模增长到 2014 年末的 2.09 倍，占总资产的比重高达 60%，财务费用对利润造成了严重的侵蚀；金鸿控股仅 2017 年纳入合并范围的子公司就多达 11 家，2018 年 6 月末资本固定化率高达260.47%，日常营运资金严重依赖外部融资。

2018 年以来，金融严监管导致融资环境全面收紧，从而使大量严重依赖外部融资的企业再融资出现困难，致使资金链断裂发生债务违约。一是影子银行萎缩，1～11 月信托贷款、委托贷款及未贴现银行承兑汇票规模萎缩 2.57 万亿元。二是股权融资受到限制，证监会发布的系列新规对定向增发和股权质押融资做出了限制。三是债券市场融资结构性恶化，2018 年以来除 11 月以外，AA 及以下评级的民营主体净融资额持续为负，大量低评级债券取消发行。加之 2018 年是债券到期和回售的高峰年（全年到期兑付共计 4364 亿元），信用债全年的到期额是 2015 年的 1.4 倍，截至 2018 年 11 月末发生的回售额已超过 2017 年全年的 3 倍。融资环境收紧叠加大量信用债到期和回售，导致企业再融资困难，引发严重依赖外部融资的企业大规模发生债务违约。

三　债券违约带来的挑战

2018 年 7 月以来，相关部门采取了多项举措稳增长和支持民营企业融资，政策托底下信用风险边际改善。但当前经济下行压力不断增大，企业间分化加剧，叠加金融严监管持续，紧信用格局难扭转，短期内债券市场违约风险仍高。一是企业的盈利能力弱化。当前上游工业品价格跌势明显，2018 年下半年，生产资料价格指数（PPI）连续回落，表明经济动能将持续向下，企业盈利承压。二是市场对经济走势的悲观预期增强，金融机构的风险偏好难以根本提升。2018 年以来央行共实施四次定向降准释放流动性，以鼓励商业银行进行信贷投放。2018 年新增信贷同比多增，但结构失衡明显，自 3 月以来新增信贷主要集中在短期借款和票据融资，表明金融机构的风险偏好仍低。三是金融严监管持续。资管新规及其细则的发布，虽然在具体操作层面对政策进行了边际放松，但压缩非标融资、消除多层嵌套、打破刚性兑付的大方向不改，表外融资规模还将持续收缩，表内信贷规模的扩张难以弥补表外融资的剧烈收缩，企业融资环境将持续偏紧。

第三节　股票市场风险：上市公司股权质押

股权质押是指出质人以其所拥有的股权作为质押标的物融入资金而设立的质押，是上市公司的主要融资方式之一。质押方一般为证券公司、银行及信托公司等，当出质人到期未能履行债务，质押方可依合同折价受偿。股权质押合同一般会设定质押股权市值与股权质押融资金额的比值，即警戒线与平仓线以降低股价波动带来的风险。其中，中小板和创业板的标准警戒线为 160%，平仓线为 140%；主板的警戒线是 150%，平仓线为 130%。

当股价连续下跌时，对质押方而言，需要追加担保品或补充保证金，将直接导致股东的短期流动性下降；对券商而言，需承担质押方的违约风险，且当股价跌破警戒线甚至平仓线时，市场悲观预期极有可能进一步扩大，导致所质押股票的变现能力下降，即存在流动性风险，券商将遭受更大的资金损失。2018 年 A 股连续下跌，大规模的股权质押风险受到市场的高度关注。下面从股权质押的规模现状与趋势、股权质押的板块与行业分布、券商质押的结构性分布、股权质押纾困基金现状与风险控制的难点方面对上市公司股权质押问题进行解析。

一 股权质押的规模现状与趋势

（一）股权质押整体规模

如图 2 - 1、图 2 - 2、图 2 - 3 所示，截至 2019 年 3 月 8 日，市场质押股数为 6284.38 亿股，市场质押股数占总股本的 9.67%，边际弱化显著，尤其是市场质押股数占总股本比自 2018 年底大幅下调；市场质押市值为 51320.95 亿元，自 2019 年 1 月底显著回升。A 股共有 3557 家公司进行股权质押，从近 5 年情况来看，质押股份总数呈现持续性增长，

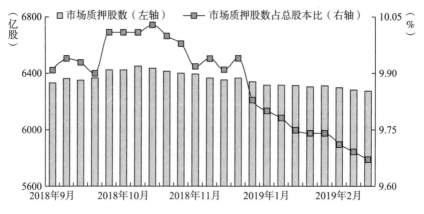

图 2 - 1　市场质押股数

资料来源：Wind 资讯。

增长率先增后减，2016 年增长率达到峰值 50.08%，总市值增加 2.13
万亿元；增长率近两年出现趋势性下降，2018 年同比增长 13.24%，质
押交易达 15677 笔，质押总数新增 2388.33 亿股，总市值增加 1.64 万
亿元至 4.31 万亿元。增量方面，2018 年质押股数与参与市值显著弱于
2017 与 2016 年，股权质押规模呈现边际弱化现象。

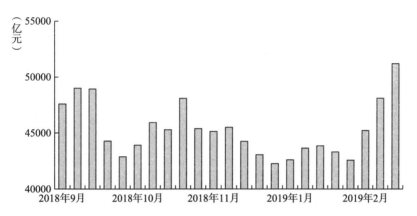

图 2 - 2　市场质押市值

资料来源：Wind 资讯。

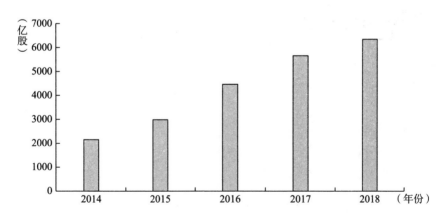

图 2 - 3　股权质押总规模年度变化

资料来源：Wind 资讯。

（二）股权质押交易质押方结构

如表 2 - 1、图 2 - 4、图 2 - 5 所示，场内股权质押是主要方式，质

押量与参考市值占比例约为 45%。质押方一般可分为证券公司、银行、信托公司、一般公司与个人。从 2018 年全年质押情况来看，质押方为证券公司的场内质押总质押股数高达 1063.93 万股，参考市值为 7457.84 万元，所占比例为 45%，排名第一；随后的是银行、一般公司与信托公司，所占比例分别为 27%、15% 与 12%；质押方为个人的所占比例最低，仅为 1%。

表 2-1   2018 年各质押方质押量及参考市值

质押方	质押股数（万股）	参考市值（万元）
证券公司	1063.93	7457.84
银行	627.51	4403.92
一般公司	358.86	2368.91
信托公司	307.42	1971.17
个人	30.62	187.76
合计	2388.34	16389.60

资料来源：Wind 资讯，中山证券研究所。

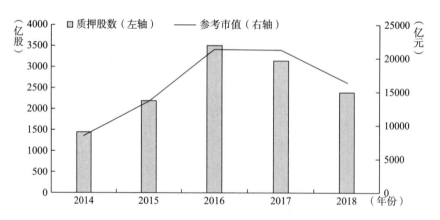

图 2-4   2014~2018 年新增质押股数与参考市值

资料来源：Wind 资讯。

（三）股权质押到期规模集中度

如图 2-6 所示，股权质押到期规模集中在 2019~2020 年，2020 年后到期规模急剧减少，2019 年前三季度风险较为集中。据 Wind 资讯统

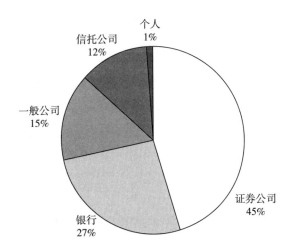

图 2 - 5　2018 年各质押方质押量比例分布

资料来源：Wind 资讯，中山证券研究所。

计 2014 ~ 2018 年的股权质押数据，未来两年为股权质押到期的集中时间段。其中 2019 年度到期质押股数达 1255.77 亿股，参考市值为 8559.69 亿元，是 2020 年的 1.74 倍。从季度数据统计看，2019 年第二季度达到峰值 2552.07 亿元后，质押到期规模逐渐减少，解押压力呈下降趋势。如图 2 - 7 所示，从月度数据看，2019 年 3 月与 5 月股权质押到期压力相对较高，参考市值分别为 957.55 亿元与 933.04 亿元。

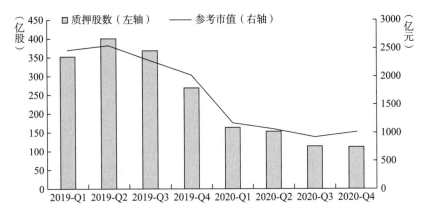

图 2 - 6　2019 ~ 2020 年质押到期规模分布

资料来源：Wind 资讯。

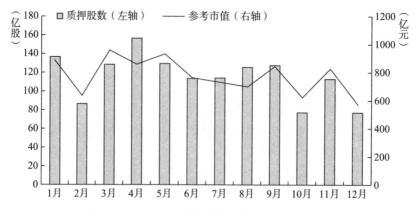

图 2-7 2019 年质押到期规模月度分布情况

资料来源：Wind 资讯。

二 股权质押的板块与行业分布

（一）股权质押板块分布

如图 2-8、图 2-9 所示，股权质押板块分布：三大板块质押规模的绝对值在 2019 年前连年攀升，截至 2019 年 3 月总规模有所缩小，主板规模最大，但规模占比连年下降；中小板、创业板次之，规模占比均趋势性增加。据 Wind 资讯统计，2014～2018 年发生的股权质押交易中，从板块分布来看，主板为规模合计最大板块，但所占比例近五年连年下降，

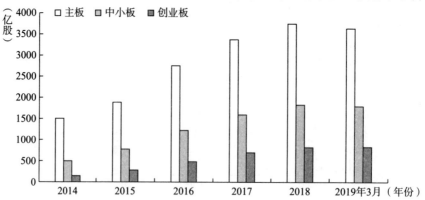

图 2-8 股权质押各板块规模情况

资料来源：Wind 资讯。

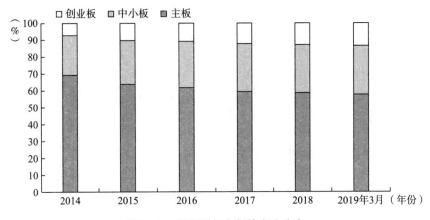

图 2 - 9 股权质押各板块占比分布

资料来源：Wind 资讯。

2019 年 3 月质押规模为 3640.55 亿股，所占比例为 57.93%；中小板股权质押规模次之，2019 年 3 月为 1806.27 亿股，所占比例为 28.74%；创业板质押规模最小，2019 年 3 月为 837.57 亿股，占比为 13.33%。

（二）股权质押各行业分布

如图 2 - 10 所示，股权质押的行业分布：2018 年，房地产、化工与医药生物的新增股权质押规模排名前三，质押数量分别为 555.22 亿股、485.11 亿股与 471.21 亿股。

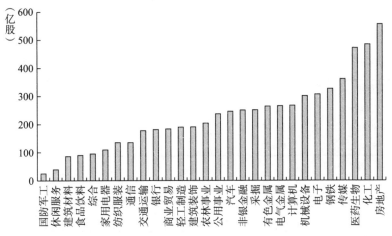

图 2 - 10 2018 年新增股权质押行业分布情况

资料来源：Wind 资讯。

从到期规模来看，2019 年股权质押解押压力前五的申万行业为：医药生物、房地产、电子、化工与传媒，到期市值分别为 1331.72 亿元、1004.99 亿元、657.58 亿元、656.03 亿元与 545.33 亿元。股权质押市值较高与质押数量较高的行业基本保持一致。休闲服务、国防军工与银行等行业的质押市值与数量均排在后三位。

三 券商质押的结构性分布

（一）券商股权质押整体性分布

据 Wind 资讯统计，2017 年 1 月 1 日~2019 年 3 月 8 日市场股权质押交易总规模市值达 2.62 万亿元，其中未解押交易参考市值为已解押部分的 1.88 倍，达 1.71 万亿元，全市场解押压力仍然较大。

如表 2-2 所示，券商股权质押交易的集中度极高，15% 的券商完成 60% 的交易量，50% 的券商即可覆盖 90% 的交易量。提供股权质押业务的券商共有 99 家，对这些券商进行质押规模的结构性分析，质押规模前 15% 的券商，全部交易参考市值占比、未解押参考市值占比与已解押参考市值占比均分布在 60% 左右；质押规模前 50% 的券商全部交易参考市值占比、未解押参考市值占比与已解押参考市值占比均超 90%。

表 2-2 券商股权质押结构性分布

单位：%

质押规模	全部交易参考市值占比	未解押参考市值占比	已解押参考市值占比
前 15% 券商	61.69	59.82	65.20
前 20% 券商	68.63	66.05	73.50
前 50% 券商	90.92	90.13	92.40

资料来源：Wind 资讯。

股权质押规模前五的券商包括中信证券、华泰证券、海通证券、申万宏源证券与国泰君安证券，其中中信证券的质押规模远超其他券商。由于质押规模前 15% 的券商覆盖了 60% 的交易量，所以排名前十五的券商极具代表性，质押股数及参考市值的结构如图2-11所示。如图2-12、图2-13所示，前十五家券商的未解押部分市值与已解押部分之比的均值为2.08，大于整个市场之比1.88，说明大型券商承压较重。其中中国银河证券、国信证券的未解押部分与已解押部分市值之比高达3.68与3.24，释放风险的能力相对较弱。

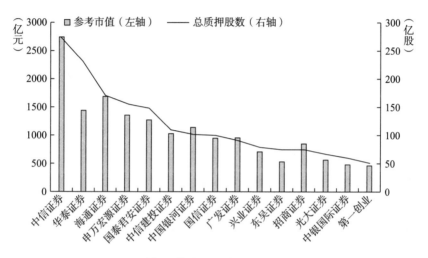

图2-11 质押规模前15%券商的总质押分布情况
资料来源：Wind资讯。

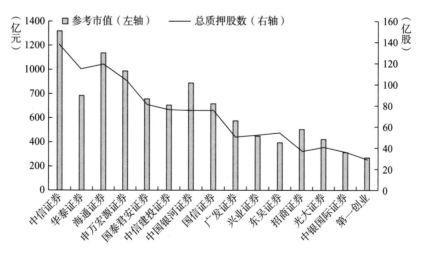

图2-12 质押规模前15%券商的未解押部分分布情况
资料来源：Wind资讯。

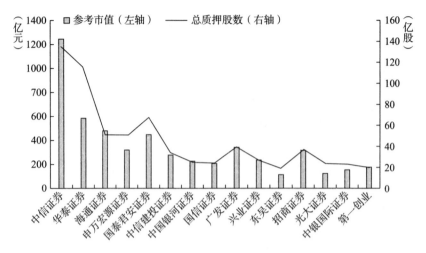

图 2 - 13　质押规模前 15% 券商的已解押部分分布情况

资料来源：Wind 资讯。

（二）券商股权质押到期风险分布

2018 年市场大幅下调，多家企业股价逼近甚至低于平仓线，严重影响了投资者情绪，一度出现个股与行业的爆仓风险，大幅增加了证券公司的股权解押风险。根据公式：距平仓线跌幅空间 = [（最新股价 - 疑似平仓价）/ 疑似平仓价] × 100%，当距平仓线跌幅空间小于 0 时，视为高风险；当距平仓线跌幅空间大于 0 且小于 20% 时，视为中风险；当距平仓线跌幅空间大于 20% 时，视为低风险。

2019 年 1 ~ 2 月股市回温，企业股价上涨，股权质押风险有显著改善。如表 2 - 4 所示，截至 2019 年 3 月 8 日，高风险等级的质押参考市值为 2544.57 亿元，占比为 35.81%。与 2018 年底的 82.85% 相比（见表 2 - 3），下降了 47.04 个百分点，下降幅度明显，但仍处于较高位置。据 Wind 资讯统计，2017 ~ 2018 年发生的股权交易中，未到期的共有 6939 笔，质押股数为 713.03 亿股，参考市值为 7106.24 亿元。其中高风险的交易有 2231 笔，质押股数为 253.12 亿股，市值 2544.57 亿元，所占比例为 35.81%；中风险质押交易参考市值为 2204.73 亿元，所占比例为 31.03%；低风险质押交易参考市值为 2356.94 亿元，所占比例仅为33.17%，有显著提升。可见，高风险交易量逐步向中风险及低风险转移。

表2-3　2018年券商股权质押结构性分布（截至2018年12月31日）

距平仓线跌幅空间	风险等级	股权质押交易笔数	质押股数（亿股）	质押参考市值（亿元）
>20%	低风险	301	18.04	185.39
0~20%	中风险	993	80.48	688.66
<0	高风险	4207	609.01	4221.51

资料来源：Wind资讯。

表2-4　2019年券商股权质押结构性分布（截至2019年3月8日）

距平仓线跌幅空间	风险等级	股权质押交易笔数	质押股数（亿股）	质押参考市值（亿元）
>20%	低风险	2642	221.95	2356.94
0~20%	中风险	2066	237.95	2204.73
<0	高风险	2231	253.12	2544.57

资料来源：Wind资讯。

以沪指3000点为基准，假设市场下调5%进行测算，结果如表2-5所示。低风险质押交易数量显著减少，中风险交易情况维持基本不变。高风险交易规模增幅明显，质押股数达311.46亿股，参考市值为3150.19亿元，所占比例为44.33%，质押到期风险显著增加。

表2-5　2019年券商股权质押结构性分布（假设股市由目前下调5%）

距平仓线跌幅空间	风险等级	股权质押交易笔数	质押股数（亿股）	质押参考市值（亿元）
>20%	低风险	2041	158.43	1672.18
0~20%	中风险	2149	243.34	2283.87
<0	高风险	2749	311.46	3150.19

资料来源：Wind资讯。

如图2-14所示，券商中等风险股权质押参考市值分布相对平均，到期压力相对不大。从中风险等级股权质押交易来看，质押参考市值前五的证券公司为海通证券、中信证券、平安证券、华泰证券与五矿证券，均超 100 亿元，其中五矿证券与平安证券的中等质押风险市值占总质押市值的比重较高，分别为 55.88% 与 18.61%。

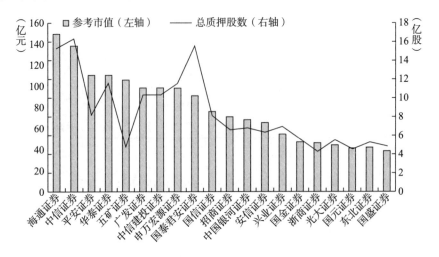

图 2-14 中风险股权质押交易规模前 20 券商分布（截至 2019 年 3 月 8 日）
资料来源：Wind 资讯。

如图 2-15 所示，券商高风险股权质押参考市值分布集中于大型券商，风险相对集中，到期压力近两个月显著减小。从高风险等级股权质

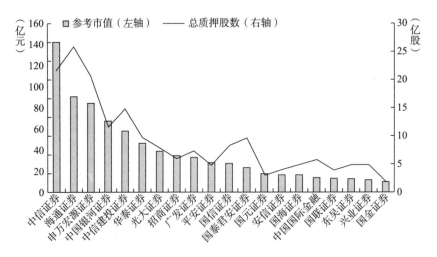

图 2-15 高风险股权质押交易规模前 20 券商分布（截至 2019 年 3 月 8 日）
资料来源：Wind 资讯。

押交易来看,质押参考市值前五的证券公司为中信证券、海通证券、申万宏源证券、中国银河证券与中信建投证券,占各券商总质押市值的12.94%、13.50%、15.54%、14.77%与14.24%,与2018年底相比,高风险质押占比显著减小。

如图2-16所示,高风险股权质押交易集中分布于2019年4~5月与2019年12月~2020年1月,是近一年的两个解押高峰。从高风险股权质押交易的时间分布来看,2019年4月解押市值达414.70亿元,占比达11.93%,2020年1月解押市值达449.49亿元,占比达12.93%。所以股权质押到期压力集中分布于2019年的年初与年末,年中月份风险相对较小。

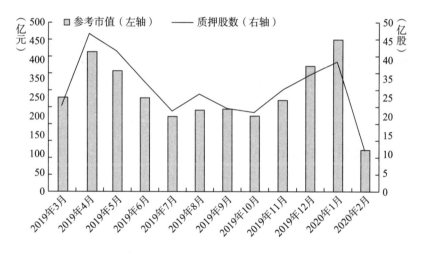

图2-16 高风险股权质押交易各月份分布(2019年3月~2020年2月)
资料来源:Wind资讯。

四 股权质押纾困基金现状与风险控制的难点

(一)现状

纾困基金主要有两个来源:一是中央层面的央行、银保监会、证监会以及其领导下的银行、券商、保险等机构;二是地方层面的政府与国资。具体而言:证券公司资管计划方面,已有38家证券公司共成立了

53 只系列资管计划和 11 只子计划，出资规模总计 529.3 亿元左右，有望撬动约 2000 亿元资金；除了设立专项资管产品，部分券商还设立了基金纾困民企融资，据 Wind 资讯统计，银河证券将成立 600 亿元银河发展基金，该基金为针对纾缓股权质押困难的专项子基金，目前该类基金宣告的规模已达 725 亿元；国寿、太平、人保等保险公司成立的纾困专项产品方面，目前已有 9 家保险资管成立 10 只专项产品，合计规模 1060 亿元；地方纾困资金方面，据 Wind 资讯不完全统计，如表 2-6 所示，2018 年 10 月以来，北京、上海、广东、江苏、浙江等地国资与券商银行等金融机构开设的纾困基金已达 2975 亿元。纾困基金总计近 6800 亿元。

表 2-6 部分地区纾困基金成立情况

单位：亿元

地区	日期	成立规模
新疆	2019 年 1 月 11 日	50
重庆	2019 年 12 月 26 日	100
海南	2018 年 12 月 14 日	—
安徽	2018 年 12 月 10 日	100
四川	2018 年 12 月上旬	50
山东	2018 年 12 月上旬	100
广东	2018 年 12 月 5 日	200
浙江杭州	2018 年 12 月 4 日	100
湖北	2018 年 12 月 3 日	100
江苏南京	2018 年 12 月 3 日	200
甘肃	2018 年 12 月初	100
江西	2018 年 11 月 27 日	100
山西	2018 年 11 月下旬	50
四川成都	2018 年 11 月 24 日	300
北京通州	2018 年 11 月 23 日	100
广东深圳	2018 年 11 月 21 日	170
北京	2018 年 11 月中旬	350

续表

地区	日期	成立规模
北京海淀	2018 年 11 月 16 日	100
河北	2018 年 11 月 16 日	100
山东烟台	2018 年 11 月 15 日	30
上海	2018 年 11 月 3 日	100
浙江	2018 年 10 月下旬	100
福建	2018 年 10 月 8 日	150
江苏苏州	—	25
广东汕头	—	50
广东珠海	—	100
广东中山	—	50

（二）难点

第一，质押风险仍然较高，市场缺乏系统性的监测和预警。第二，大股东流动性紧张，宏观流动性宽松很难缓解问题。第三，纾困基金目前存在落地难的问题：一是纾困基金由多方参与，各自选择考察投资标的和项目尽调，不同出资人意见难统一；二是优质标的稀缺，目前部分上市企业瑕疵较多，如业绩下滑、涉及法律诉讼、大股东股票质押率高企等问题；三是银行出资渠道受限，若借助券商资管通道，私募基金管理人需负责协调多方，协调成本上升；当银行出资占比较大时，受银行风控要求和内部流程繁杂等影响，决策效率相对低；四是券商与地方政府合作立场存在分歧，地方政府一般会要求救助本地企业，但券商希望市场化挑选项目。

第四节　外部冲击风险

一　互联网时代的金融风险

互联网快速发展、普及，已经渗透经济社会的各个方面。世界上各个角落的人都可以通过互联网时时通信，人们可以随时了解万里之外发生的新闻，可以互通有无、共享资源。通过互联网，经济活动、社会生活成本更低、更加便捷。互联网已经成为不可或缺的基础设施。金融处于经济活动的核心地位，资金融通、防范风险是经济体从事经济活动的基本需求。互联网与金融必然会结合在一起。

互联网通过"第四空间"将金融机构、经济体联结起来，实现点对点联通，联系发生在方方面面，同时也为风险传染带来便利，使得任何一个市场主体的风险都有可能扩散至整个系统。互联网使金融参与者扩展至长尾客户，金融风险造成的损害将危及更多风险承受能力弱的经济个体，从而带来更广泛的负外部性。尽管互联网金融尚不能大规模主动吸收存款，没有资金池，也不参与银行同业市场，而随着工农中建四大行与 BATJ（百度、阿里巴巴、腾讯、京东）四大互联网巨头在云计算、大数据、区块链和人工智能等方面的深度合作，互联网机构与传统金融机构联系更加密切，同时金融创新将更加丰富，在这种状态下，传统的风险传染方式也将发生改变。金融风险的来源随着长尾人群的普及而增多，通过互联网的传播更加迅速，影响范围因为互联网而扩大，风险类型在金融市场风险、金融产品风险、金融机构风险的基础上增加了金融科技风险和信息风险。

（一）长尾客户风险

互联网时代，参与金融活动的经济体激增，特别是传统金融模式下处于长尾的经济体。这些经济体参与金融活动具有两面性：一方面，这些经济体增加了金融体量，丰富了金融参与者的类型，金融市场中的风险偏好更加多元，有助于金融风险的分散和有效配置。另一方面，也增加了风险源、风险传播渠道，风险类型也呈现多样化。特别的，这些经济体较少参与金融活动，金融相关的知识和能力欠缺，由于长尾客户缺乏相关的风险专业知识和金融风险意识，往往具有较高的风险偏好，从而提高了整个市场的风险偏好水平，更容易发生金融风险事件。

（二）去中心化风险

去中心化带来的便捷高效是中性的，在为金融交易带来便利的同时，使金融风险的传播速度更快，使传播范围更广。在传统金融业态下，风险主要在金融体系内传播，并逐渐过渡至实体经济。去中心化的状态下，金融风险的传播是网式、多点的，可以即时、同时传播至任何相关的节点，金融传染速度更快。金融业务的去中心化分布使得监管范围扩大、监管难度增加，金融风险发生的可能性增加。

（三）平台风险

金融平台一般发起于没有金融牌照的互联网公司，为了争取客户，它们往往会提供较传统金融机构更加优惠的产品和更加快捷的服务，如提供高收益产品、"T＋0"赎回、快速审核、快速放款等。而这些会使金融平台承担高于传统金融机构的成本和风险。它们没有传统金融机构那样的直接的高价值的风控数据，也缺乏金融机构长期积累的风控专业技能，这在一定程度上限制了其风控效果。另外，针对金融平台这一新生事物的监管尚不成熟，不具有金融牌照使其能够游离在严格的金融监管之外。内外因素使得金融平台成为金融风险聚集区。

（四）科技风险

科技特别是互联网技术在为金融业提供快捷、便利、高效、低成本的技术支撑时，也会由于其自身的技术漏洞，给金融体系带来风险，如技术失误、系统中断、设备故障、灾备失效等难以控制、不可预见的事件将导致业务中断甚至失效。因此依托技术设计的产品不仅存在逻辑缺陷，又会给相关各方带来损失，或者使产品运行不成功。此外，不法分子利用科技实施黑客攻击、网络病毒会造成客户信息泄露、密码泄露、欺诈、账户资金被盗等各种新的风险。

（五）信息风险

在大数据、云计算时代，互联网金融的信息事关国家信息安全，通过金融的互联网、互联网金融和互联网消费掌握的人流、物流、资金流在为国家治理提供大数据支持的同时也成为国家核心信息安全的重大隐患（时吴华，2015）。互联网金融大数据的量级及其真实性，使其成为国外敌对势力追逐的目标，而一旦泄露，将成为其攻击我国金融系统乃至国家安全系统的工具和突破口。

二 贸易摩擦引发的金融风险

（一）贸易摩擦容易引发金融风险

中美贸易摩擦可能会进一步加剧，主要原因在于美国政府不再按照传统的美国价值体系行事，而是更多地更直接地谋求经济利益，其重商特性使得美国在政策上会不断寻找各种理由、用各种税收等手段获取更多的经济利益，甚至不惜与中国乃至世界其他国家为敌，寻找更多的经济利益和民众的支持。特别是，从美国国内看，民众不了解中国以及部分群体的排华情绪客观存在，因而限制中国发展的战略意图也将长期存在。

基于美国强大的综合实力，因而大多数国家在同美国贸易摩擦过程中一对一谈判或直接对抗都很难获胜。在这种经济利益和美国利益至上的政策导向下，确实会使美国的税收相应增加，美国本土经济及就业等变得更好，从而得到美国一般民众的支持。这又会进一步强化美国政府自身的优越感，美国政府有可能更加无所顾忌。在这种趋利的环境下，很难看到美国政策会对中国友好或者改善。

目前，中美之间的摩擦仍然集中在经贸领域，需要应对的也仍然在经贸领域，因而整体上是可控的。但需要提防的是，这种经贸领域的摩擦有可能会对中国经济和金融产生重大的冲击，需要重点防范可能带来的金融风险及对中国整体经济的影响。历史上，美日之间的贸易摩擦导致了日本房地产泡沫的崩溃和长期的经济萧条，俄罗斯与美欧之间的贸易制裁导致了俄罗斯经济的巨大倒退和货币危机。因此，此次贸易摩擦是否会与国内的经济下行压力和金融风险形成共振，并将目前的潜在金融风险转变为现实的金融危机，是值得重点关注的问题。

（二）贸易摩擦有可能导致汇率风险及国内的金融市场风险

由贸易摩擦引发的金融风险主要包括直接的汇率风险和由于经济受外部冲击引致的金融市场剧烈波动风险。

1. 汇率及资本外流风险

第一，从长期看，人民币汇率在实际购买力上确实存在高估的情形，在中美经济走势及购买力差异的共同作用下，有可能进一步推高美元对人民币的汇率。在国内市场上，除了劳务，大多数商品价格较高，并且有不断攀升的趋势；相比较而言，美国市场上大多数商品的价格较低且较稳定。从变化趋势来看，由于美国经济短期内仍然会不断走强，通胀压力虽然存在，但通胀水平整体不高，而国内很多商品的价格相对较高，价格上涨的压力仍然存在（通胀压力事实存在），客观上使人民币的实际购买能力有可能会进一步下降。也就是说，从购买力来看，人民币贬值压力会持续加强，人民币汇率客观上有贬值的压力。

第二，从短期看，中美货币政策的差异有可能使人民币进一步贬值。汇率与货币政策有直接的对应关系，美联储的货币政策导向是加息和逐步结束宽松的货币政策，而国内货币政策不时有宽松的呼声和举措。最近一个时期，国内经济由于出口相应受阻、企业投资意愿下降等因素的影响，存在不小的下行压力。在这种背景下，央行出台了定向降准等措施，这虽然有缓解资金压力的效果，但在美国加息的情况下，国内采取部分的货币政策宽松措施，客观上会加剧人民币的贬值压力。特别是，美联储仍然有可能出于应对通胀压力的考虑，采取进一步加息的措施，这种不同的货币政策宽松度必然使人民币的贬值压力进一步强化。最近一个时期，人民币对美元出现了较大幅度的贬值，事实上反映了中美经济及货币政策的变动。

第三，一直存在的人民币贬值预期管控难度不断加大。由于购买力和实际利率的差异，人民币一直存在贬值预期。贸易摩擦整体对美国有利，因而有可能会进一步强化人民币贬值预期。一旦更多的群体将人民币转换为美元，会进一步弱化人民币的币值和强化美元的转换需求，这样又会进一步强化对人民币的贬值预期，引发更多的群体将人民币转换为美元，从而形成不断自我强化的预期。

第四，贬值预期最终会导致资本外流，进而引发汇率风险。特别需要警惕的是，如果形成了更大的贬值预期，就有可能进一步引发更严重的贬值预期以及由此带来的资本外流问题。甚至不排除国内金融机构、居民及国外金融机构借机炒作人民币汇率，通过各种手段致使人民币进一步贬值。虽然目前的外汇储备可以在一定程度上抵御汇率冲击，但一旦形成严重的、普遍性的严重贬值预期，有限的外汇储备可能也难以抵御系统性的转换和持续的冲击。

2. 贸易摩擦可能冲击国内金融市场进而引发金融风险

贸易摩擦如果持续，必然会对出口产生影响，导致社会总需求相应下降，进而对整个经济景气产生影响，产出随之降低。

由于国内经济已经积累了一些较为突出的潜在金融风险，如货币存量高、债务规模大、房地产市场价格居高不下等。这些问题在经济高速发展背景下能够得到较好的消化，而一旦经济下行，就有可能演化为现实的金融危机。

首先，为了应对次贷危机对国内经济的影响，央行采取了较为宽松的货币政策，造成货币存量居高不下。货币存量高意味着通胀压力较大，如果不加控制就容易形成恶性通货膨胀，使得民众恐慌，大量提取存款，从而形成银行的挤兑，引发货币危机。

其次，债务规模大容易形成信用和违约风险，使金融市场产生较大幅度的波动，进而形成金融危机。非银行类的金融机构仍然有较高的杠杆率，债券市场规模扩张过快，都容易形成违约。特别是，一旦信心下降，有可能引致大面积的违约潮，进而引发金融市场危机。

最后，房地产市场已经经历了相当长时期的上涨，目前市场价格仍然居高不下。在没有充足的后续购买力支撑的条件下，如果受到严重的外部冲击，可能引起价格的巨幅波动，造成房地产市场的动荡。

3. 贸易摩擦等形式的外部冲击与国内金融市场交互作用，容易引发系统性金融风险

如果贸易摩擦加剧，经济不景气加剧，人民币有可能持续贬值，甚至与国内此前已有的金融风险交织在一起，致使外部冲击引发国内的金融危机。

最有可能引发的是汇率和人民币危机。一旦开启人民币贬值趋势，容易形成进一步贬值的预期，引发更多的汇兑需求，不断加快贬值速度，人民币最终会不断贬值。国内资金可能更多地转向国外，加快对美元等资产的汇兑，将更多的资产转移到海外。

值得注意的是，外部冲击一旦改变汇率走势，国内资金需求减少，利率攀升，资金的供给减少，将对金融市场的信心产生实质性的打击。进一步来讲，对债务等金融产品的需求降低，购买股票等的意愿下降，从而导致资本市场急剧萎缩；居民会大量提取银行存款，导致银行的挤兑潮，由此引发银行体系的危机；居民变卖房产，也使房地产市场下挫，市场可能加速崩溃。

市场恐慌会导致银行危机、房地产市场危机、信用危机及最后的经济危机。一旦形成社会的恐慌，大多金融机构有可能经不住冲击而陷入破产和危机之中，从而导致银行危机及破产潮。金融危机具有极强的传染特性，更多的人争先将金融资产转换为其他实物资产，从而会导致房地产市场危机及资本市场的急剧萎缩；或者转换为海外资产，形成货币危机。即使运作良好的金融机构可能也难以独善其身，最终导致国内金融市场的恐慌与崩溃，形成实质性的金融和经济危机。

第三章　维护金融安全需更加关注
金融制度供给

第一节　金融制度与金融安全的逻辑关联

现代金融制度是经济社会发展中重要的基础性制度，是金融本质和金融规律的根本体现，是现代金融体系运行的基本准则，对于保障金融安全至关重要。虽然学术界对于金融制度的认识和理解还存在分歧，但现代金融制度的基本原则和主要内容还是明确的、清晰的。无论从基本原则方面还是从主要内容方面，都可以看出，现代金融制度建设的内在要求或追求的目标是保障金融安全。

现代金融制度的基本原则，一是法治原则。法律是金融市场运行的基础规则，法律制度的健全程度决定金融的公平性和开放性，建立现代金融制度必须建立公平有效的法律环境。构建有效的法律体系重在明确金融市场运行规则、提高金融市场参与程度、明确市场主体的行为责任、提高信息披露水平、落实风险行为的法律责任，对违反法律规则、造成风险的行为追究相应的法律责任。二是风险自担原则。在进行风险提示、规范信息披露的基础上，遵循风险自担原则，减少个人、企业、金融机构、地方政府的冒险冲动和成本转嫁行为。三是适度竞争原则。鼓励金融机构在控制自身风险的前提下创新发展，实现金融体系与实体经济融合的多元化、综合化发展。同时，金融具有内生的不稳定性特征，必须借助政府外力（政策和制度设计），保持金融体系发展速度与其风险控制能力相匹配。

现代金融制度主要包括金融监管制度、金融发展制度和金融稳定制度。金融监管制度界定金融准入、经营资格、业务范围、信息披露、市场监督等内容，现代金融监管制度应当是与实体经济发展相匹配的金融经营模式、金融竞争程度、金融市场行为，要针对金融风险建立现代金融监管体系，加快金融市场基础设施建设，做好金融业综合统计，健全及时地反映风险波动的信息系统，做到"管住人、看住钱、扎牢制度防火墙"，运用现代科技手段和支付结算机制，监测全部资金流动，完善金融从业人员、金融机构、金融市场、金融运行、金融治理、金融监管、金融调控的制度体系，规范金融运行；金融发展制度约束金融体系的发展速度和创新节奏，现代金融发展制度在鼓励金融机构根据实体经济需求积极创新的同时，还必须设计相应的信息披露说明、关键风险提示等内容；金融稳定制度界定了金融风险监测管理途径、金融风险防范及化解规则，现代金融稳定制度必须能够消除救助预期和风险转嫁预期，同时还具有更强的激发金融市场主体活力、效率和弹性的能力。

第二节　保障金融安全需要改善制度供给

改革开放以来，我国以间接融资为主体的金融服务供给体系曾在快速集中金融资源、推动国家发展战略方面发挥了至关重要的作用。然而，随着经济增速中枢下行、经济结构调整深度推进，面对全球经济增长格局的大调整、信息结构的急剧变革、劳动力供给及资源与环境等约束带来的严峻挑战，当前这种以间接融资为主、股权融资发展严重不足且间接融资又以大中型银行为主体的金融业态，已难以适应经济增长新旧动能转换、经济结构转型升级的要求，难以为人民生活质量的不断提高提供持续的、足够的推动力。金融体系赖以运行的基础性制度，亟待因时而变、因势而变。

一　金融结构失衡隐含金融风险

一是供需错配导致产业转型动力不足及居民财富结构失衡。在产业转型方面，如何构建有利于创新型资本形成的金融资源配置体系，支持足够多的、能够承担风险的资本投入创新中去，是形成国家创新优势的重要发展路径。以银行体系为主体的间接融资依赖资信和抵押物，更适合于传统成熟产业；战略新兴产业的核心资产多为知识产权和人力资源，难以形成传统的银行贷款或债券融资所要求的稳定的现金流；科技创新型中小企业前期无法保证收入及利润，规模小，资信弱，难以获得银行贷款支持；而我国股票市场上市制度要求过严、退市制度执行不足且违规成本过低，中小股东权益难以得到保障，不利于企业的持续融资；作为我国完善资本市场基础制度的重要尝试，科创板也处于起步阶段；银行间债券市场、交易所债券市场和银行柜台债券市场相互独立、存在分割，且国家发改委管企业债、证监会管公司债、银行间交易商协会管中期票据和短期融资券，监管主体及监管标准不一，导致不同品种的债券发展不平衡。在居民财富结构方面，由于现有金融产品和服务难以满足理财需求，居民当期储蓄率过高、房产占比过高、银行存款占比高、保险类资产及股权类投资占比低、居民财富配置收益率低，更容易诱导居民形成错误的财富观念、财富价值观和金融投资行为。"老金融"不能对接"新供给"，必然会降低整个金融体系的资金配置效率，加大金融摩擦，提高企业融资成本，扭曲居民财富结构。

二是期限错配导致融资贵及系统性风险隐患。由于直接融资渠道缺乏，实体经济对长期资金的需求与间接融资的短期资金供给不匹配。截至 2018 年末，我国直接融资中的企业债券和非金融企业境内股票余额仅约占同期社会融资规模存量的 1/8，与西方发达国家直接融资占比七成以上相距甚远。从发展需求来看，企业需要长期资金，而以银行贷款为代表的间接融资期限往往相对较短。为了确保正常运营，企业疲于不断寻求外部融资，这实质上增加了财务成本和运营成本，甚至陷入流动性困境而不得不诉诸高息非正规金融渠道，进而导致企业经营恶化甚至破产。从银行的角度来看，由于全社会资金来源的主渠道是银行存款及理财产品，缺乏可以投资的长期资金来源，银行不得不通过短存长贷、期限错配来满足实体经济的需要，而过度的期限错配必然会增大银行的系统性风险贡献值，不利于金融稳定和金融安全。

三是资本结构错配导致高杠杆。直接融资比例偏低而间接融资占比偏高，映射在实体部门的资本结构表现为债务资本与权益资本的结构失衡。从存量数据看，2019 年末我国非金融企业股票融资占社会融资总量的比例仅为 2.9%。在当前的国际比较中，我国总杠杆率位列前茅，其中企业部门的杠杆率更是长期居高不下。究其原因，在于企业长期依靠间接融资来获得企业再生产所需的资金。杠杆率的约束实际上挑战了传统债务融资所推升的旧经济发展模式，企业要调整资本结构、有效降低杠杆率，就必须在传统银行信贷等间接融资渠道之外寻求新的融资渠道。我国债券市场中的公司债和企业债占比偏低，而当前股权融资条件过高，方式过于单一，又加剧了长期股权投资来源的匮缺。除了依靠利润留存以外，大部分企业的资本金难以获得补充，导致债务融资过度、杠杆过大，经营风险累积过高。

二　制度缺陷导致金融存在风险隐患

其一，信用基础设施缺陷带来风险隐患。近年来，我国屡次出现"央行政策利率下调，银行间市场利率随之下行，但实体企业融资成本居高不降"的不利局面。利率传导机制不够顺畅，除公开、透明、可信的能够真正稳定预期的利率走廊尚未形成且存贷款基准利率和市场无风险利率并存的利率双轨制并未消除以及大量国有企业和地方政府融资平台等"软预算约束"部门存在的扭曲利率传导等原因之外，一个重要的原因，是信用体系这一重要的金融基础设施亟待进一步完善。一方面，我国国内的信用评级机构在公信力和市场影响力方面存在明显不足；另一方面，评级机构的独立性难以得到有效满足，特别是时常出现地方政府干扰第三方信用评级的情况，导致平台信用评级趋于一致，无法真正对利率定价形成指导。更为重要的是，信用基础设施的不健全意味着信息不对称程度的提高，以银行为主体的融资机构为确保资产安全，不得不以抵押物作为重要的风险甄别信号，长此以往又弱化了银行等金融机构的效率识别能力和风险定价能力，进而导致流动性多投向国有企业而中小微民营企业和科创企业融资难融资贵的问题始终难以得到有效解决，近年来还屡次出现银行间市场流动性充裕与实体经济融资难并存的局面。

其二，监管基础设施缺陷带来风险隐患。近年来，在金融脱媒、规避监管、监管套利等因素的作用下，影子银行体系形成了层层嵌套、复杂交错的杠杆化资金链条，渗透银行、证券、信托、保险等多个领域。资金往往至少要经过两个、常常要经过三四个中间环节才能传递至实体经济中的最终资金需求方。在大量资金被用于存量资产的二手交易的推动下，"金融空转"造成近年来资金总体使用效率的下降。由于业务模式复杂多变、统计数据缺乏，对于资金传导链条"长度"的测算，至今尚缺共识，而金融监管还难以跟上创新金融科技产品的步伐，存在监管短板和真空。脱离监管范围之外的金融创新极易造成短期内的野蛮生长，金融机构关联性的增强更进一步促使风险同质共振，在增加金融市场风险的同时，也不利于金融创新的良性生长。

其三，长期以来金融领域特别是资本市场违法违规成本过低，上市公司造假、会计师事务所履职不力、信息发布误导、欺骗性投资咨询、操纵估价等不一而足，也损害了投资者的利益，不利于资本市场的健康发展。究其根源，会计、审计、法律等基础性制度仍有必要进一步完善。

其四，进入壁垒高，弱化了竞争、强化了羊群效应。主要表现为：大、中、小金融机构差异性不足，业务拓展主要依靠占地盘、扩网点、垒大户等粗放模式，同质化现象突出，普遍"求大、求全"，服务对象、金融产品、服务模式高度雷同，难以满足客户的多样化、个性化需求。"所有制歧视"和"羊群效应"还不同程度地存在，在预算软约束的催化下，金融资源过度集中于大企业、国有企业、政府项目、房地产领域，对民营企业、小微企业、"三农"、城市低收入群体等薄弱环节支持不够，造成资源错配、产能过剩等问题；为大众创业、万众创新，为居民部门提供中长期金融投资工具，也仍然存在不少短板。

其五，退出机制不健全，在一定程度上导致竞争行为异化，助长了问题金融机构僵而不死。由于金融机构破产的巨大负外部性，我国在高风险金融机构市场出清方面的制度建设推进较为谨慎。尽管我国在2015年建立了存款保险制度、高风险金融机构尤其是银行业金融机构处置的法律框架已基本形成，但截至目前，法律层面缺乏清晰明确的有序处置机制安排、风险处置触发标准和风险处置职责分工，呈现明显的碎片化特征。加之现有的问题机构处置实践经验主要集中在地方法人金融机构，处置方式普遍采取"一事一议"的个案处置方式，市场化、专业化程度较低，往往导致处置程序久拖不决，问题机构无法及时退出市场。市场结构缺陷导致的竞争行为异化与公司治理不健全、风险管控能力不足等问题相交织，又会进一步恶化金融生态，增大金融机构的风险承担意愿及系统性风险爆发的概率。

三　完善的制度有助于减少金融摩擦，保障金融安全

当前我国金融体系制度、金融基础设施、金融市场结构的不完善，增大了经济运行的金融摩擦，具体表现为政策性扭曲的金融摩擦造成不同企业的融资成本差异、信息不对称的金融摩擦抑制信贷资源的配置效率和不完全契约的金融摩擦导致金融契约事后执行受限。多项研究表明，金融摩擦是发展中国家资源错配的重要来源，从微观角度来看，金融摩擦阻碍了资本要素的自由流动，导致金融产品有效供给不足、价格扭曲及市场交易受限，增大了企业的融资成本，扭曲了生产单位之间的要素分配；从宏观角度来看，金融摩擦是形成不同国家全要素生产率差异继而引发经济发展差距的重要原因。面对百年未有之大变局带来的新

的挑战、新的机遇，以习近平同志为核心的党中央高瞻远瞩地提出深化金融供给侧结构性改革，其核心正是通过制度创新减少金融摩擦，有效降低信息不对称和交易成本，充分发挥金融对协调重大经济结构、优化生产力布局、提高人民生活福祉、提升国家竞争力的重要作用，提高全要素生产率，激发经济增长潜能，推动经济高质量发展。

根据新制度经济学理论，有效率的制度降低了不确定性和交易费用，有利于稳定经济主体对未来的预期，避免其追求短期利益最大化的机会主义行为，从而促进经济增长。置诸金融供给侧结构性改革的语境，通过制度创新减少金融摩擦，防范金融风险的逻辑如下。

（一）缓解融资约束

融资约束是指由于金融摩擦的存在，企业外源融资成本增大而无法在最优水平下进行投资。融资约束抑制企业的投资与研发创新，影响再生产要素的积累而阻碍经济增长；反之，融资约束降低使得高生产率的企业更容易获得外部融资，改善了企业间的信贷配置，企业间信贷配置效率的改善又弱化了企业投资对总体经济环境的依赖，从而使企业的投资和劳动雇佣对基本面冲击的敏感程度变弱，宏观经济波动率下降。因而，融资约束的缓解是经济高质量发展的题中之义。

金融产品的本质是一种契约，且契约的结构依赖法律体系、社会习惯和交换中资产标的物的技术特性。金融基础设施和制度越完备，则订立契约的不确定性越小，有限理性的个人在复杂环境中的行为大为简化，交易费用的不断节约意味着经济效率的上升。通过制度创新完善金融体系结构、金融基础设施、金融市场结构，可有效减少金融摩擦、减轻融资约束，推动经济的高质量发展。其一，戈德史密斯提出的金融结构理论表明，随着经济发展水平的上升，金融市场在金融体系中的角色更为重要。尤其是在发展中国家的技术进步由吸收模仿转向自主创新的过程中，金融机构需要实现从"银行主导"向"市场主导"的转变。优化金融结构体系，提高直接融资比重，打破企业以银行融资为主要渠道的现状，增加长期资金供给，有助于改善企业的融资环境，缓解融资约束。其二，金融基础设施的完善会减缓信息不对称及因此所致的逆向选择和道德风险，金融契约执行成本下降，企业违约风险、违约损失及企业违约时承担的审计、清算等监督成本所构成的交易成本的下降，带来金融产品定价水平的下降，继而减轻了企业的融资成本；与此同时，由于信息不对称程度的下降，金融机构可有效减少对抵押品的依赖，而不必过度将金融资源配置于第二产业，有助于推动第三产业及创业创新企业的发展。其三，优化金融市场结构，在确保金融安全的前提下降低进入壁垒、健全退出机制，促进良性竞争，可有效缓解融资约束。产业组织理论认为，在集中度更低的市场中，大型金融机构难以利用其垄断地位、信息优势及隐性的政府担保，通过共谋对贷款定以高价，也难以运用各种手段来限制竞争，更为充分的良性竞争可增加企业再融资决策所需的信息分享，促使金融机构放宽抵押物等融资条件，从而有助于减少信贷配给、顺畅企业信贷通路，促进资本积累和产业成长。

（二）优化资源配置

近期基于中国微观企业数据的研究表明，消除金融摩擦，总体全要素生产率可以增加 12 个百分点，企业间资本边际产出的离散程度，即资本错配程度可以下降 50%。不仅如此，一个部门的金融摩擦产生的错配效应会经由生产网络传递溢出到其他部门，且信息不对称会放大技术变革等外生冲击造成的宏观波动效应；生产网络的溢出效应，又会使得部门间的资本的边际产出离散程度增大，造成全要素生产率大幅度下降，从而在相当大的程度上降低经济恢复的速度。

通过制度创新完善金融体系结构、金融基础设施、金融市场结构，可以有效减少金融摩擦、纾解资源错配，推动经济的高质量发展。其一，研究及实践证明，金融市场上的股权融资方式更适合为技术创新提供金融支持，一方面，股权投资者按持股比例分享企业创新的潜在高额回报，投资者被激励入股并帮助企业分担创新的不确定性；另一方面，创新需要长期而持续的研发资金投入，股权融资的长期性和流动性机制有利于企业从事具有一定风险的技术开发与产品研制，实现技术创新向市场价值的转化。商业银行则缺乏对企业创新提供资金支持的激励，这是因为创新企业往往缺乏可抵押的资产，即便企业研发成功，商业银行也只能获得固定利息，与自身承担的风险不匹配，故而以银行为主导的间接融资模式难以形成风险共担、风险共享的市场化融资机制。而且，金融市场的发展能促使更稳定的资金流向教育投资，提高一国金融知识普及度，加快人力资本积累速度，缓解人才错配。其二，资源错配的重要原因之一在于金融基础设施不完善，而完善的金融基础设施有助于推动要素价格市场化、有效提升金融契约效率。因此，要纾解资源错配，必须从完善征信机制、监管法规、会计审计制度及提高司法执行效率等方面推动金融基础设施建设。伴随着金融基础设施的不断完善，金融市场能够通过价格信号、信息披露和兼并收购等提供更有效的多元审查信息，同时将信息有效地传递给投资者。作为企业的间接融资渠道，金融机构由于信息不对称及交易成本的下降，在增大信贷融资可得性的同时，贷款管理流程更为透明高效，从而倒逼企业提高经营管理质量与资源利用效率；作为企业的直接融资渠道，金融市场要求上市企业披露信息，其本质是对企业的动态监督，实现对企业信息的有效揭示，并显著降低投资者获取信息的成本，这也有助于提升企业创新效率和创新能力。其三，金融市场结构的改善，良性竞争的有效推进，有助于金融资源从低效率部门转移至高效率部门，继而促进产业结构升级。竞争是提高资源配置效率的有效方式。根据资源配置效率理论，在完全竞争市场中，资本市场资源按照边际效率最高的原则在资本市场之间进行配置。实践表明，大力发展中小微型银行、优化银行业结构是缓解金融资源配置扭曲且效率低的重要途径，而伴随直接融资的大力发展，资本市场参与主体之间的竞争促使更多的金融资源流向以科技、知识、技术、数据等要素为核心的新经济产业，提高金融资源配置效率，促进全要素生产率的提升。

（三）化解金融风险

大萧条、新兴市场国家的金融危机和 2008 年国际金融危机一再表明，当金融体系摩擦剧烈时，就会导致金融体系的不稳定，金融体系将无法为良好的投资机会有效提供融资渠道，最终会使经济体系经历严重的衰退。金融加速器理论也认为，金融摩擦越大，冲击的乘数效应就越强，即使一个微小的冲击，经过金融市场传导后也会导致经济的剧烈波动。经济繁荣期过度负债形成的金融脆弱性、信贷周期的静态和动态乘数效应、外部融资升水与金融摩擦间的非线性函数关系以及预期通过金融渠道的自我实现等，都有可能形成冲击的放大机制。

实证研究表明，通过制度创新完善金融体系结构、金融基础设施、金融市场结构，有助于防范化解金融风险，推动经济的高质量发展。其一，提高直接融资比重，大力发展金融市场，运用金融市场的风险分散机制为投资者提供大量、多样化的金融资产和衍生金融工具，投资者可根据自身的风险偏好进行风险互换、管理投资组合。尽管这样并不能从总体上消除风险，但能够实现风险在不同风险承受能力投资者之间的重新分配。其二，金融产品生产和交易过程中涉及远比其他行业更为密集和复杂的契约安排，在市场交易中更容易出现"信息不对称"和"道德风险"问题，而诸如信用基础设施、司法体系、信息披露、监管机制、支付清算、会计审计等市场支持制度是维护契约良好执行、提振投资人信心和交易意愿、防范化解风险的基础。其三，实践表明，市场约束效能的充分发挥必须主要依托良性的竞争环境。优化金融市场结构和竞争制度，培育良性竞争环境，维护金融市场的公平竞争平台，既可有效地平衡金融创新、经济效率和可持续增长的关系，更可有效缓解"大而不倒"的道德风险以及大型金融机构与其他金融机构的系统关联性所放大的负面冲击，遏制系统性风险和亲周期效应，保障金融稳定和金融安全。

第三节　中央银行制度是保障金融安全的核心制度安排

党的十九届四中全会审议通过的《中共中央关于坚持和完善中国

特色社会主义制度、推进国家治理体系和治理能力现代化若干重大问题的决定》（以下简称《决定》），从党的十九大确立的战略目标和重大任务出发，在全面总结我国国家制度建设和国家治理方面取得的成就、积累的经验、形成的原则的基础上，重点阐述了坚持和完善支撑中国特色社会主义制度的根本制度、基本制度、重要制度，全面部署了需要深化的重大体制机制改革和需要推进的重点工作任务。《决定》在金融层面明确提出了"建设现代中央银行制度，完善基础货币投放机制，健全基准利率和市场化利率体系"的要求。那么，究竟怎样理解现代中央银行制度、如何建设和完善现代中央银行制度呢？

一般而言，中央银行履行制定、执行货币政策，对金融机构业务活动进行指导、领导、管理和监督职能，是一个"管理和监督金融活动的银行"，是国家干预和调控国民经济发展的重要工具。中央银行制度则是一国经济运行架构与金融制度体系的重要组成部分，包括通过法律法规赋予中央银行地位和职能、政策目标和工具、运作行为与规范等在内的一系列制度安排。现代中央银行制度与（非现代或传统）中央银行制度的关键区别就在于"现代"二字。

一　中央银行的产生和功能演变

从中央银行产生和演变的历史角度分析，现代中央银行制度的主要标志是：从服务于政府融资的单一功能向金融经济调控为主的多功能转变。

研究中央银行制度史的学者认为，早期中央银行（或称之为古典中央银行）的产生主要有两个方面的原因：一是政府在税收平滑规则下难以解决战争引发的融资难题；二是解决政府借款不还的道德风险。为了解决这两个难题，政府牵头建立中央银行，政府授予中央银行管理政府财政资金，中央银行向政府提供贷款。绝大多数中央银行都是在这样的背景下产生的。显而易见，这个时候中央银行的主要定位是服务于政府的融资需求和管理政府的财政资金。

中央银行的垄断地位随着战争时间的延长得到巩固和增强，具备了影响全国信用的能力和管理各商业银行储备的实力，各商业银行也愿意采用中央银行发行的货币作为日常储备，并在头寸短缺时向它要求贷款，从而使它逐渐在事实上垄断了货币的发行。同时，现代的商业银行体系以较低的市场利率在为产业资本提供周转资金的同时，部分银行面临存贷款期限结构错配、支付体系和存款合约不稳定等引发的挤兑风险，也缺少一个为整个商业银行体系和金融体系提供流动性支持的兜底性保障机构。中央银行的实力使其逐渐承担起这一角色——最后贷款人，商业银行在流动性困难时既可以向中央银行借款，也可以进行同业拆借（中央银行提供清算服务）。美国联邦储备委员会在移植和改进欧洲中央银行制度的同时，强化最后贷款人功能，弱化了政府融资功能，建立信用货币体制，从而成为一家较为典型的现代中央银行。

随着各国经济平稳发展，政府的税收能力和信用能力得到改善与巩固，中央银行不再局限于解决政府融资和管理财政资金，而是向以金融经济调控为主的多功能转化。例如，国际清算银行总结现代中央银行具有涉及货币政策、金融稳定和支付系统的三大目标，以及为了实现这些目标具有的现代中央银行的五大功能：货币稳定功能（货币政策、汇率政策、外汇干预、外汇储备管理、流动性管理）、金融稳定功能（最后贷款人、宏观审慎监管和日常监管）、提供金融基础设施（通货提供、账户管理、支付系统、央行货币清算系统、其他清算系统、登记提供）、服务政府（经理国库、代理发行政府债券、为政府提供信用支持）、其他公共品功能（债务管理、资产管理、准财政行为、研究统计、消费者服务等）。还有一种与此相似也更为流行的概括是，现代中央银行具有三大职能：发行的银行、银行的银行、政府的银行，这实质上也分别体现了垄断货币发行、制定执行货币政策、对银行给予最后贷款、组织银行间结算、经理国库、管理外汇储备等具体职责。

二　保障金融安全的央行制度体系

从现代金融体系运行的需求角度分析，现代中央银行服务于金融经济调控定位的主要体现是：保持以信用货币为基石的商业银行和金融体系的稳定。进一步讲，现代中央银行保障金融安全的制度设计包括最后贷款人制度和宏观审慎监管。

科学的最后贷款人制度是现代中央银行制度的基石。最后贷款人制度设计使中央银行通过控制再贷款、再贴现的利率和条件实现货币的弹性供给，既能为陷入流动性困境但具有优质资产和清偿能力的商业银行提供短期性融资，又能制定较高一些的惩戒性利率约束商业银行行为，主动防控流动性风险，更为重要的是给活期存款人一种信号——商业银行在流动性资产短缺时有中央银行的支持，从而改善了存款合约信息结构。

宏观审慎监管则是中央银行防范系统性金融风险的制度设计。最后贷款人制度可能使商业银行产生道德风险，此时需要对商业银行进行监管，即金融监管制度。金融稳定承诺使经营管理不善的银行也能与业绩良好的银行一起同等享受平价贴现率的流动性支持，降低了各商业银行有效管理风险的压力，增加了商业银行发生道德风险的概率。为监测商业银行经营状况和风险状况，各商业银行在中央银行开立准备金账户，实时监测商业银行的储备资产，提高银行间结算效率；同时，要求商业银行定期报送重要的金融统计数据和实时报送重大事件，掌握各银行金融机构经营状况、流动性情况和潜在金融风险。经验事实证明，防范了单个银行风险的日常审慎监管并不一定能防范整个银行体系和金融体系的系统性风险，为此人们探索设计出宏观审慎监管制度，并将其赋予中央银行。2016年8月，国际货币基金组织、国际清算银行等联合发布了《有效宏观审慎政策要素：国际经验与教训》的报告，将宏观审慎政策定义为：宏观审慎政策利用多种工具来防范系统性金融风险，从而降低金融危机发生的频率及其影响程度。宏观审慎监管就是一系列为了防范系统性金融风险而开展的面向金融系统的监管政策和改革措施的总和。现代中央银行由于自身的货币稳定、金融稳定、金融基础设施建设等功能，在宏观审慎监管方面具有独特的优势，成为宏观审慎监管制度的执行者和完善者。

建设有效的金融稳定制度是现代中央银行制度的核心内容。建设有效的金融稳定制度包括以下两方面主要内容。

（1）建设现代金融监管体系，将宏观审慎监管与日常审慎监管有机结合。这体现在以下方面。其一，围绕经济金融运行特征，设计健全金融风险监测指标和计算体系，为实时金融监管明确需要关注的重点内容。其二，利用前沿的科学技术（如大数据技术）及时收集和管理重要的金融统计数据。其三，准确利用金融风险评估模型和方法评估金融机构个体风险、金融系统性风险，模拟金融风险传染网络。其四，利用有效的货币政策手段、宏观审慎监管措施或多部门配合措施，及时切断金融风险传染链条、控制金融风险规模。此外，金融风险在很大程度上与融资项目质量相关，控制金融风险的难点在于地方政府稳增长措施下的项目在多大程度上造成金融系统风险，在明知项目有系统风险和必然失败风险的情况下，如何建立防止此类项目上马的机制。否则，现代中央制度将孤立而无效。

（2）建设现代金融救助制度。这体现在以下方面。其一，完善最后贷款人制度的贷款抵押、贷款利率、贷款期限、偿还机制等贷款条件，有效甄别和筛选经营业绩良好、偿还能力较强、临时发生流动性风险的优质商业银行和经营业绩差、不具有长久偿还能力的劣质商业银行，实现对优质商业银行的支持。其二，在有效控制系统性金融风险的前提下，完善相机的金融救助机制，果断切除或接管或兼并经营持续不善的商业银行，弱化商业银行救助预期、消除救助依赖和道德风险。其三，建立严格可行的责任机制，将金融风险和损失公平地分担到相关责任主体。

当然，决定现代中央银行制度是否有效的内部因素是中央银行体系内部从上而下的潜移默化的法制理念、切实的履职能力和人事制度，决定现代中央银行制度是否有效的外部因素则是地方政府行为偏好及其区域经济稳增长与金融系统防风险之间的平衡。新时代背景下，中央提出并强调建设现代中央银行制度，不仅提出了问题，而且明确了解决问题的方向和基本思路。随着市场经济制度的不断完善，随着国家治理体系的治理能力现代化的推进，一个更为完善的服务于中国特色社会主义市场经济的现代中央银行制度也必将尽快建立起来。

三 维护货币稳定的货币政策体系

从现代经济体系发展的需求角度分析，现代中央银行服务于市场定位的主要体现是：维护货币稳定的科学的货币政策体系。

在法定信用货币制度和最后贷款人制度下，现代中央银行既要在金融危机时进行适当的救助、维护金融稳定并超发法定信用货币，又要防止超发法定信用货币造成货币购买力明显降低和政府信誉受损，从而使货币供给处于社会公众能接受的弹性区域。货币政策作为平衡这两方面因素的重要制度和工具，作用越来越重要，甚至成为现代中央银行职能的代名词。因此，现代中央银行制度下经典货币政策工具既包括再贷款、再贴现、存款准备金等最后贷款人制度中的工具，亦包括公开市场操作这一司空见惯的货币政策工具。

在平常时期，货币供给处于合理区间成为货币政策的首要目标，学术研究和政策制定者甚至将其简化为通货膨胀目标制。为了实现这一目标，在现代中央银行制度中，以国家短期债券和中央银行票据为买卖标的的公开市场操作，既可以主动灵活地决定买卖数量，又可以相机决定买卖价格——利率，从而成为最重要的常用工具。其他的直接信用控制、间接信用指导、窗口指导、道义劝告等，则是经典货币政策工具的延伸和补充。

现金的发行和管理是货币政策的重要内容。由于法定存款准备金、再贷款、公开市场操作等工具直接影响基础货币数量，人们往往忽略现金的发行和投放。这里面至少包括两个方面的重要内容：一是通常所说的现金从中央银行发行库到商业银行业务库的发行渠道；二是中央银行经理国库的现金管理。这两者在很大程度上影响货币政策的执行效果，影响财政政策和货币政策的协调程度。

建设科学稳健的现代货币政策制定和执行体系是现代中央银行制度的核心内容。核心内容包括以下三点。

一是遵循国内外成熟的货币规律，确定科学的货币政策目标。经过长期的研究和检验，货币数量的一味增长并不能保证经济增长，更无法保证高质量经济发展，货币供给量在一合理区间即为经济高质量增长提供了有利的信用货币环境。因此，《中国人民银行法》明确"货币政策的目标是保持货币币值的稳定，并以此促进经济增长"。其含义就在于，货币政策目标是保持货币币值稳定（首要目标），通过实现"保持货币币值稳定"这一条件，为经济增长提供有利的货币信用环境。

二是客观把握中国经济运行规律，明确货币政策工具与目标变量之间的数量关系，准确设计货币政策操作规则方程，综合利用价格型货币政策工具和数量型货币政策工具。中国特色社会主义市场经济必然有不同于西方国家市场经济的地方，这就需要从实际出发提炼出中国经济的运行规律、兼顾中国货币政策实际的制定和执行环境、精确计算货币政策价格型工具及数量型工具与目标变量之间的函数关系，从而设计准确可行的货币政策操作方程，实现货币币值稳定这一首要目标，否则货币政策可能成为经济巨震和低质量增长的源头。

三是将前沿的科学技术及时融入货币政策，提高货币政策的精度和效率。例如，主动开拓央行数字货币的研发和投放机制，不仅提高了法定信用货币的防伪技术、实现了货币流通的全程监测、有效监控了非法洗钱活动，而且可以结合区块链技术和大数据技术提高现金等基础货币的投放效率和管理效率，还可以有效追溯和绘制货币政策传导机制，又可以提高货币供给量合理区间的计算精度、利率工具与经济体系之间数量关系的计算精度等。

四　法治是中央银行履职的重要保障

法治是现代中央银行制度的基石，建设现代中央银行制度必须建设和巩固法治体系，通过法律法规明确中央银行的职责、保证中央银行依法履行职责而不被某一部门的利益左右，从而实现国家整体的经济高质量发展。

例如，《中国人民银行法》开宗明义，"为了确立中国人民银行的地位，明确其职责，保证国家货币政策的正确制定和执行，建立和完善中央银行宏观调控体系，维护金融稳定，制定本法"。其中的要义非常明确：其一，通过立法来确立中央银行地位；其二，中央银行的职责是基于国家的角度和利益（制定货币政策和完善宏观调控体系），即包含了参与市场经济交易活动的个人、企业、金融机构、政府的整体角度；其三，职责内容是"保证国家货币政策的正确制定和执行，建立和完善中央银行宏观调控体系，维护金融稳定"，关键词在于"正确制定和执行"。

再如，《中国人民银行法》对中国人民银行职责的规定是："（1）发布与履行其职责有关的命令和规章；（2）依法制定和执行货币政策；（3）发行人民币，管理人民币流通；（4）监督管理银行间同业拆借市场和银行间债券市场；（5）实施外汇管理，监督管理银行间外汇市场；（6）监督管理黄金市场；（7）持有、管理、经营国家外汇储备、黄金储备；（8）经理国库；（9）维护支付、清算系统的正常运行；（10）指导、部署金融业反洗钱工作，负责反洗钱的资金监测；（11）负责金融业的统计、调查、分析和预测；（12）作为国家的中央银行，从事有关的国际金融活动。"

由此可以看出，与国际现代中央银行制度的界定范畴相比，中国人民银行已经具备了现代中央银行的大多数功能，而且正在不断完善金融监管、金融基础设施等其他现代中央银行制度。为了保障中国人民银行依法履职，在现代中央银行制度的实际建设过程中，必须强化中央银行的法律素质和法治理念，并将相关职责范围的法律和法规作为考核内容；进一步强化纪检监察部门对各级分支行执法活动的监督，加强对中央银行分支行执行总行政策情况的监督检查。当然，现代中央银行制度的法制建设，亦是在社会整体法治环境中推进的，且随着整体法治环境的改善而不断完善。

第四节　金融基础设施建设更加紧迫

金融业务的开展涉及密集而又复杂的契约安排，在金融活动中经常出现信息不对称和道德风险问题。如果缺少维护履行契约的良好环境，金融风险将会大大增加。金融安全基础设施的功能就是确保契约的正确履行。因此，加强金融安全基础设施建设对一个国家的经济发展、金融安全、社会安定具有重要意义。

中央全面深化改革委员会第十次会议正式通过了《统筹监管金融基础设施工作方案》，提出"加强对重要金融基础设施的统筹监管"，"推动形成布局合理、治理有效、先进可靠、富有弹性的金融基础设施体系"。党的十八大以来，习近平总书记多次强调要加快金融市场基础设施建设、统筹监管重要金融基础设施、加强金融基础设施的统筹监管和互联互通、建立安全高效的金融基础设施，为加快金融基础设施建设指明了方向、提供了根本遵循。

一　加快金融基础设施建设的重要性

在狭义层面，金融基础设施等同于金融市场基础设施，侧重于金融市场交易的硬件设施；广义而言，金融基础设施涉及金融稳定运行的各个方面，包括金融市场硬件设施以及金融法律法规、会计制度、信息披露原则、社会信用环境等制度安排。很显然，作为国家金融体系的重要组成，金融基础设施在联结金融机构、保障市场运行、服务实体经济、防范金融风险方面发挥着至关重要的作用。

金融基础设施作为金融供给侧结构性改革的重点对象，其建设和发展水平直接关系到金融功能的发挥和经济高质量发展。党的十九大提出了"我国经济已由高速增长阶段转向高质量发展阶段"的历史性论断，供给侧结构性改革已成为推动经济转型升级的根本策略。作为现代经济的核心，中国金融业自改革开放以来取得了长足进步，为国民经济发展做出了重要贡献。但也不可否认，金融供给侧仍然存在结构性短板。具体到金融基础设施领域，其发展速度、改革深度明显滞后于现代化金融机构与金融市场建设，不能满足人民日益增长的多样化金融服务需求，不能适应经济高质量发展的要求。特别是进入 2019 年，国内外环境更加复杂严峻，新老矛盾交互错杂，转型阵痛持续凸显。面临内外压力，坚持稳中求进工作总基调，扎实推进金融供给侧结构性改革，加快金融基础设施建设，既是引导金融回归服务实体经济本职、推动经济高质量发展的要求，也是防范化解金融风险的前提。

金融基础设施作为现代金融体系的关键节点，在现代化经济体系建设中发挥着无可替代的重要功能。其一，完善的金融基础设施是保障金融体系健康运行的"压舱石"。金融基础设施为金融市场稳健高效运行提供基础性保障，交易平台、支付体系、结算系统等硬件设施与法律法规、会计原则等制度软约束在金融体系中居于十分重要的地位，彼此协调配合，共同打造良好金融生态，支撑金融体系功能的正常发挥。其二，高效的金融基础设施是促进市场经济发展的"催化剂"。作为金融工具价格发现机制的载体，金融基础设施通过记录信息、集中报价等市场化手段撮合交易，提高金融资源配置效率；而且，高效运行的金融基础设施能够充分调动市场流动性，疏通货币政策传导渠道。其三，先进的金融基础设施是提高金融服务质量的"助推器"。以民营企业、小微企业融资问题为例，信息不对称是造成企业"贷款难"与银行"难贷款"的深层原因之一。先进的金融基础设施可以弥补这一市场缺陷，通过建立以政府为主导的公共征信服务平台，加强政、银、企投融资信息共享，有效提高金融服务实体经济的效率。其四，规范的金融基础设施是确保国家金融安全的"隔离墙"。经验表明，历史上数次金融危机皆与金融基础设施不健全、不完备有关，例如 2008 年金融危机爆发时美国金融市场缺乏有效的交易报告库及强大的中央对手方，最终导致风险急剧扩散和蔓延。危机促成金融基础设施功能发生嬗变，目前多国监管当局已经达成共识，认为金融基础设施有责任参与协助风险管理，它是实施宏观审慎管理和强化风险防控的重要抓手。

可以说，金融基础设施是整个金融生态的核心，支撑金融体系运行，形成经济价值外溢。无论从政策视角抑或功能视角，加快金融基础设施建设都是深化金融供给侧结构性改革的必然选择，也是推进经济转型、实现经济高质量发展的必由之路。

二　我国金融基础设施建设的成效与短板

长期以来，我国一直重视金融基础设施的建设和发展，金融基础设施不断完善，为金融市场稳健高效运行提供了重要支撑。但与此同时，金融基础设施的有效供给还是存在短板，监管环境有待改善。为了更好地适应金融高质量发展以及建设"金融强国"的时代要求，补齐金融基础设施建设短板、改善对金融基础设施监管的薄弱环节已经成为当前及未来一个时期金融领域深层次改革的工作重点。

在硬件架构层面，我国已形成门类齐全、监管有序的金融基础设施体系。在支付系统建设方面，我国已形成以中国人民银行现代化支付系统为核心的支付体系，并与银行间支付系统、银行卡支付系统、票据支付系统、网络支付清算系统、跨境人民币支付系统一同构成现代化支付清算网络；在证券结算与存管方面，由中国证券登记结算有限责任公司、中国国债登记结算有限责任公司和银行间市场清算所股份有限公司三家机构共同提供证券集中托管与结算服务；在中央对手方建设方面，我国场内、场外市场均已引入中央对手方清算机制；在交易报告库建设方面，中国外汇交易中心和中证机构间报价系统股份有限公司分别被作为记录利率类、外汇类场外衍生品交易数据与股权类场外衍生品数据的交易报告库。此外，参考相关机构在金融风险防范中的系统重要性，证券交易所、"新三板"等均被纳入金融市场基础设施范围。中国人民银行与中国证监会作为金融市场基础设施的主要监管主体，主动开展金融市场基础设施评估工作，共同维护金融机构安全、稳健运营。

在相关制度建设方面，配套法律法规与会计准则等为营造良好的金融生态打下了坚实的基础。在金融法律建设方面，国家法律、行政法规、部门规章、规范性文件及有关司法解释等共同构成我国金融法律体系，引导金融市场硬件基础设施规范运行；在会计标准建设方面，积极对接国际通用标准，大力完善政企会计准则，努力推进会计信息化建设；在信用体系建设方面，征信系统覆盖范围不断扩大，金融信用基础信息数据库接入主体日益增多，小微企业信用档案相继完善，农村信用体系逐渐搭建，社会信用环境得到极大程度的改善；在反洗钱工作方面，相关部门积极开展反洗钱互评估工作，加大执法力度，打击犯罪行为，深化国际合作，让非法融资行为无处遁形；在金融消费者权益保护工作方面，不断完善消费者权益保护制度，有序开展普惠金融，稳步推进监管评估，主动强化消费者知识教育，从实际出发切实保护金融消费者的切身利益。

当然，我国金融基础设施建设还存在一些不容忽视的短板。一是在金融监管方面，金融监管部门的协调配合水平还有待提高，监管标准不够一致，监管层次不够明确，不利于金融基础设施向集中统一、安全有效、先进开放的方向发展；金融监管职能与行政管理职能的界限尚不清晰，逐渐成为提升监管效果与市场效率的一大阻碍；跨境监管还需要完善，随着"沪港通""深港通""债券通"等跨境资本业务的相继开通，配套监管框架建设必须提上日程，以防交易管道变为风险管道。二是在法律法规方面，还缺乏具有统领性、基础性作用的专门法律，我国有关金融基础设施的法律条款相对分散、模糊，且以等级较低的行政规范为主，缺少清晰、可执行的专门性法律基础，金融法律的执行机制尚不健全，金融法规的效力有待提高。三是在机构运行方面，非公司制金融基础设施组织形式与市场化建设不相适应，一些重要金融基础设施本质上仍属于不以经营盈利为目的的国家事业单位，不利于培育市场竞争性，机构本身的竞争力也被大幅削弱；金融机构分散甚至市场割裂的现状与集中统一发展目标不相适应，市场便利性、公平性有待提高；金融基础设施供给数量及质量与日新月异的金融创新不相适应。

三　加快金融基础设施建设的着力点

中国金融基础设施建设工作仍任重道远，需多方发力、多管齐下。切实加快金融基础设施建设包括：继续完善会计审计制度，打造金融安全的制度基础；加快推进金融信息化建设，争取在诸如国际投资银行、国际清算与结算系统、国际信用评级等重要环节掌握规则制定权和话语权；完善金融安全法律框架，加快推进防范金融风险的立法，完善有关资本配置的法律制度；形成金融业的综合统计与分析框架，实现金融信息的共享与金融基础设施的互联互通；等等。

第一，加强统筹监管，形成部门协调。"一委一行两会"应充分发挥统领全局作用，对金融基础设施准入、治理、运营、风控、监管等进行顶层设计。国务院金融稳定发展委员会负责统筹金融监管改革，协调职能分工，强化宏观审慎与监管问责；中国人民银行对部分金融基础设施实施直接监管的同时还应安排落实各部门监管工作，划定明确监管范围，推动形成合作统一、分工明确的金融管理体系；中国证监会和中国银保监会承担对金融基础设施的微观审慎监管与行为监管职能；地方金融管理局应主动做好地方金融基础设施监管工作，维护当地金融稳定。各个部门通过协调配合，形成"全国一盘棋"，共筑金融"安全网"。

第二，加速机构改革，促进市场整合。为适应现代化金融市场建设要求，应积极引导金融机构尤其是非公司制机构的改制转型，逐步降低政府监管部门对金融机构运营的干预力度，有序"解绑"监管部门与金融机构的直接行政管理关系。目前我国四大期货交易所中的金融期货交易所以及全国中小企业股份转让系统有限公司均依公司制设立，是金融基础设施体制改革的有益尝试。针对债券市场割裂问题，应当立法统一债券市场登记结算、托管标准，不断改进债券市场基础设施股权结构，适时推进债券市场监管整合、业务整合。

第三，加大设施供给，强化金融创新。从理论上讲，金融市场基础设施位于金融服务体系的"后台"，发挥着重要的底层服务功能，本身类似公共物品，供给数量较为有限。在加大金融基础设施供给的同时，通过非排他性、非竞争性使用，金融市场基础设施所联结的机构数量日益增多，市场资源得以集聚，从而产生规模效应，市场成本随之降低，运行效率适时提高。为此，必须强化金融创新。金融创新与金融基础设施建设互为表里，一方面，金融创新是现代金融基础设施建设的助推器，可以助力金融机构增速提效。若将金融基础设施视作金融服务体系的"基"与"台"，那么科技手段便为金融基础设施建设的"梁"与"柱"。现代金融基础设施硬件完全搭建在庞大、迅捷的计算机网络之上，随着大数据、云计算、区块链、人工智能等新兴技术手段的蓬勃发展，实现"金融＋科技"的完美契合必将是金融基础设施建设的必然选择。例如，大数据技术能够帮助解决传统征信难以捕获金融市场行为信息的难题，区块链技术可以嵌入金融基础设施风控体系从而提高风险防控能力。近年来，中国人民银行已经启动"数字货币"研发工作，并顺利开展贸易金融区块链平台业务。未来以大数据、人工智能等为代表的科技技术必将在高效、安全、可靠的金融基础设施建设中大放异彩。另一方面，金融基础设施建设是金融创新产品市场的重要基础，可以保障金融市场安全稳健。未来应该明晰金融创新领域具体监管所属，成立自律性行业协会，促进自省自查，出台政策法规来合理引导市场方向，构建"硬性"基础设施支撑，完善行业信息统计制度，让金融创新成为实体经济发展的"动力源"而非"风险源"。

第四，加快专门立法，完善法律环境。金融基础设施应当具有稳健、清晰、透明并可执行的法律基础。因此，一是要制定规范金融基础设施行为的综合性法律，对市场准入、治理运营做出全面规范。二是针对具体金融基础设施制定专门行为规章，细化监管分类。三是进一步促进金融信息标准化立法，明确信息采集范围、形式、口径，疏通监管部门与金融机构信息互换渠道，加强对金融信息的司法保护，严厉打击故意泄露、盗用信用信息等非法行为。四是随着中国金融开放的大门越开越大，必须加强金融基础设施跨境监管立法供给，把握国际金融监管主导权，谨防外部风险伺机而入。

第五，完善金融法律法规，增强金融运行的规范性。规范金融会计统计制度，提高金融业信息化水平；建设金融人才队伍，保障金融体系安全高效运行。具体而言，要完善资本市场基础性制度，把好市场入口和市场出口两道关，加强对交易的全程监管，稳妥推进注册制改革，以更完善的准入和淘汰机制提升资本市场的活力；严格信息披露，完善市场合理估值体系，引导资金参与长期投资，构建明确且专业的问责机制、集体诉讼制度、辩方举证制度、和解制度等，推动形成法规约束、市场自律、社会监督相得益彰的市场秩序，为实体经济的发展提供融资渠道、价值发现机制、风险分担机制以及有效的外部治理机制；依托大数据、云计算、区块链以及人工智能等现代科技手段推动信用基础设施建设及信用增进机制建设，稳步推进金融业关键信息基础设施国产化，推动形成完备、专业的征信体系，切实减少信息不对称，降低实体经济征信及融资成本。

四　建设依托先进技术的新型设施

国际国内复杂的经济金融环境以及由此导致的金融风险多变难控，传统的金融监管和金融安全措施已经难以应付。传统金融风险与互联网金融风险交织，使金融风险的成因更加复杂，很难通过传统的金融安全措施来防范，金融安全措施需要有针对性和前瞻性地加以更新。互联网技术作为助推金融发展的重要因素，成为新形势下维护金融安全的重要工具。未来，随着物联网、智能家居、机器人工厂的普及，金融安全将覆盖更广泛的内容，金融安全措施所需要的信息将从消费金融扩展至产业链金融，通过互联网获取的大数据将更加多元，使得金融安全措施与时俱进、不断完善。

（一）"盘活"金融数据信息

互联网、物联网、大数据、云计算等在化解金融风险、维护金融安全中必将发挥重要作用，对"统筹监管系统重要性金融机构，统筹监管金融控股公司和重要金融基础设施，统筹负责金融业综合统计"大有裨益。目前，互联网金融的发展已经在实践中验证了互联网技术在支付体系、信用环境等方面降低成本、提高效率的巨大威力。特别是大数据、云计算等概念及相关技术与金融业综合统计、金融基础设施建设高度契合，传统的结构化与非结构化数据、视频数据、音频数据、图片等数据将极大地拓展金融业统计的体量。因此，数据挖掘、深度学习等技术将发掘出更多有用的信息，"盘活"金融业数据，提高金融数据的使用效率。

（二）实施大数据征信

征信系统的建成和使用，为维护金融安全增加了一道保险锁。征信是对机构或个人信用的刻画与评估，传统金融时代，征信得分直接影响机构或个人贷款时的额度和费率。征信是整肃信用环境、维护金融安全的重要手段。传统征信中，征信得分主要来自贷款、信用卡、社保、公积金等，数据结构单一，征信得分并不能全面反映被征信机构或人的信用水平。此外，如果个人没有上述数据，则没有征信得分，无法衡量其信用水平。互联网技术有助于解决我国人口众多、经济结构复杂、征信体系构建成本高等难题，可以极大地推进征信系统建设。

互联网时代，征信得分来自网购、支付、转账、理财、生活缴费、社交等大数据。这些数据能够时时获取，能够覆盖大多数人群，能够快速、全面地反映一个经济体的信用水平。不仅如此，互联网金融公司还积极推进信用免押金、信用抵费用等活动，正向激励人们重视自己的信用。一个好的信用环境是金融安全的基本保障，大数据征信使这一金融安全措施得以有效发挥。大数据征信还可以进一步分级分类，更加细致地规范人们的行为。

总之，互联网技术在维护金融安全中大有可为，甚至有望成为维护我国金融安全的中坚力量。下一步，应持续加大互联网技术的应用，真正实现金融与科技的有效融合。当然，也要看到，互联网技术在为维护金融安全提供快捷、便利、高效、低成本的技术支撑时，不可避免地会伴随负面效应，如网络病毒、系统中断、设备故障、灾备失效等难以控制、不可预见的事件将导致金融安全措施中断甚至失效，技术的漏洞或薄弱环节、黑客攻击、密码泄露、账户资金被盗等将带来各种新的风险隐患。因此，在使用互联网技术维护金融安全的同时，也应注重规避使用新技术带来的各种负面影响。

第五节　金融制度改革的重点领域

深化金融供给侧结构性改革，通过金融制度的良性变迁，有效减少金融摩擦，有助于缓解融资约束、提高金融资源配置效率、防范化解金融风险、实现金融服务实体经济质效的提升，当前工作的着力点应放在以下几个方面。

第一，完善金融体系制度建设，逐步由目前的间接融资为主转向直接融资与间接融资并重。当下的要务，是拓宽直接融资渠道，提高直接融资比重，建设规范、透明、开放、有活力、有韧性的资本市场，有效发挥其市场融资、价格发现和资源配置功能。习近平总书记强调，深化金融供给侧结构性改革"要以金融体系结构调整优化为重点"。李克强总理也要求"改革完善资本市场基础制度，促进多层次资本市场健康稳定发展，提高直接融资特别是股权融资比重"。据此，要"建设一个规范、透明、开放、有活力、有韧性的资本市场"，发挥资本市场在金融运行中所具有的牵一发而动全身的作用，促进股票市场创新与规范，针对不同类型企业在不同阶段的融资需求，大力发展包括首次公开发行、二级市场融资、种子基金、天使基金、风险投资、私募股权基金等在内的多样化的股权融资方式；丰富债券市场产品和层次，鼓励面向信用等级相对较低的企业发展垃圾债市场，真正体现债券市场的融资定价功能；大力发展长期机构投资者，切实放宽养老基金、保险基金、各类社会保障资金等机构投资者进入市场的门槛，使机构投资者成为市场的主导力量。公开透明、健康发展的资本市场不仅是宏观经济的"晴雨表"，而且是产业整合、升级的"助推器"，更是创业创新的"孵化器"。在培育过程中，尤其要重视新经济产业发展的需求，增强对创新企业的包容性和适应性，基于科创板探索技术市场化定价模式，引导资金向优质的科技创新企业集聚，推动以技术升级为主要依托的企业获得高质量发展，助推实体经济转型升级。

第二，完善金融市场基础性制度，为有效减少金融摩擦、提高金融服务实体经济质效奠定基础。一是构筑由市场供求决定的利率形成机制，有序解决利率双轨制和定价失灵问题，更好地发挥资金价格在优化金融资源配置中的作用。加大国债市场改革的深度和广度，形成健全的能够反映市场供求关系的国债收益率曲线；进一步完善利率走廊机制，缩窄利率波动区间，形成公开、透明、可信的能够真正稳定预期的利率走廊操作框架，结合日常的公开市场操作，有效开展利率引导，稳定市场预期，为实体经济的转型升级营造平稳的政策环境。在此基础上，疏通政策利率向商业银行贷款利率的传导机制，尤其是向中小微民营企业、科创企业和"三农"部门的传导。二是"完善资本市场基础性制度，把好市场入口和市场出口两道关，完善退市制度，加强对交易的全程监管"，稳妥推进注册制改革，降低对企业的利润和收入门槛，提高上市审批效率，以更完善的准入和淘汰机制提升资本市场的活力；注重市场板块层次定位，设置灵活的转板机制，吸引长期稳定的资金；完备法律体系，公正司法程序和裁判执行系统，严格信息披露，完善市场合理估值体系，发挥证券市场的资本中介功能，引导资金参与长期投资，构建明确且专业的问责机制、集体诉讼制度、辩方举证制度、和解制度等，推动形成公权力他律、市场自律相得益彰的市场秩序，通过稳定健康的资本市场为实体经济的发展提供融资渠道、价值发现机制、风险分担机制以及有效的外部治理机制。三是进一步加快信用基础设施建设及信用增进机制建设。依托大数据、云计算、区块链以及人工智能等现代科技手段推动信用基础设施建设及信用增进机制建设，稳步推进金融业关键信息基础设施国产化，推动形成完备、专业的征信体系，将政府的增信服务、商业银行的信用服务和证券公司的资本服务结合起来，切实减少信息不对称，降低实体经济征信及融资成本。四是进一步加强金融监管基础设施建设。继续推进全覆盖、穿透式金融监管体制改革，补齐监管制度的短板，形成机构监管与功能监管、宏观审慎与微观审慎相结合的监管体系。坚持金融创新与风险管控并重、金融效率与金融稳定相平衡，提高金融监管的信息化水平、响应速度及与时俱进的监管能力；以保护消费者权益、有效防范风险为前提，建立金融创新产品的监管机制，密切跟踪研究金融科技发展对金融业务模式、风险特征和金融稳定的影响，采取有效措施处置风险点，释放金融体系的压力，消化系统性金融风险隐患，尤其要防止金融机构为规避监管而进行"伪创新"，减少多层嵌套，缩短资金链条，消除资金空转，促进降低融资成本，提高金融供给的质量与效率。要加强基层金融监管力量，强化地方金融监管责任，建立监管问责制，切实解决金融领域特别是资本市场违法违规成本过低的问题。

第三，进一步完善金融市场结构制度，在确保金融安全的前提下扩大金融业双向开放，以良性竞争促进金融产品体系优化及金融服务质量提升。要完善金融市场结构，以金融开放促改革，进一步提高金融市场的市场化程度，推动中国金融体系与国际主流模式接轨。主要措施包括如下内容。一是以宏观审慎为前提，全面实行准入前国民待遇加负面清单管理制度，扩大市场准入，健全商业性金融、开发性金融、政策性金融、合作性金融分工合理、相互补充的金融机构体系。当前特别要重视"增加中小金融机构数量和业务比重""构建多层次、广覆盖、有差异的银行体系"，鼓励金融机构功能定位和商业模式差异化，重视发展定位于专注微型金融服务的中小金融机构，优化大中小金融机构布局。二是继续推动金融市场改革开放，在风险可控的前提下适度降低金融市场相关业务的准入门槛，在"深港通""沪港通""债券通"发展的背景下，深化资本市场开放的深度和广度，持续推进人民币资本项目的审慎开放，为国内投资者提供分享境外优秀企业经营成果的渠道，引入国外成熟专业的金融服务和产品，引入优质外资金融机构，充分发挥其鲇鱼效应，倒逼国内金融机构积极变革，在更好地满足实体经济融资需求的同时，不断提高金融行业的竞争力。三是构建适合我国国情的金融机构处置和破产制度，完善金融机构法制化、市场化退出机制。应当强化存款保险基金管理机构的早期纠正和风险处置功能，使其能够在"早期识别和及时干预"的框架下尽早地识别出问题金融机构及其风险点，尽快地制定并启动干预措施和程序，一旦高风险金融机构限期自救不成功，就及时启动接管程序，由存款保险机构接管处置，综合采取多种措施对问题银行实施专业化、市场化的处置；如果采取风险处置措施后，问题机构仍无救活的可能，则应进入司法破产清算，由存款保险机构担任破产管理人，并可在依法履行偿付存款的义务后，作为债权人参与银行破产程序，分配银行的破产财产，并就个人债权偿付部分优先受偿，最小化存款保险基金的损失。通过金融资产、市场和机构的有序调整，形成优胜劣汰、正向激励的市场环境，减少低效、无效资金供给，提高资源配置效率。值得注意的是，为避免国际金融市场波动的过快传导和风险传染，扩大金融业双向开放应以逐步完善的金融基础设施建设为前提。

第四，在完善金融市场结构的基础上，促进金融机构良性竞争，不断增强金融供给对金融需求的响应能力。通过加大竞争力度，促进金融机构以市场为导向，遵循"竞争中性"原则，平等地为各类企业和居民提供高效率的服务。在金融产品体系优化方面，贯彻"全""新""细"三字方针："全"，就是要"构建风险投资、银行信贷、债券市场、股票市场等全方位、多层次金融支持服务体系"，形成各类资本中介各司其职、涵盖产业发展全生命周期的金融产品线，覆盖实体经济的不同细分需求，为实现实体经济"血液"的良好循环奠定坚实基础；"新"，就是"要适应发展更多依靠创新、创造、创意的大趋势"，针对当下以间接融资为主的金融产品体系过度依赖稳定现金流的固有缺陷，结合创新创意产业有形资产价值低、现金流波动差异大的特点，以更有利于创新型企业融资的"轻盈利、重技术、重研发"原则，优化乃至创新金融服务供给，推动我国战略型新兴产业的进一步发展升级；"细"，就是面向实体经济发展和人民生活质量提高所提出的差异化金融服务需求，针对不同细分市场的特点，"坚持以市场需求为导向，积极开发个性化、差异化、定制化金融产品"。尤其是传统银行经营管理模式下缺乏深耕的小微、"三农"、贫困人口等弱势群体领域，要重视尊重市场规律，建立正向激励和风险补偿机制，平衡金融机构收益、风险和成本，实现商业可持续。要紧跟客户需求变化，在细分客户金融服务需求的基础上，充分运用新理念、新思维、新技术，积极探索新产品、新渠道、新模式，积极开发个性化、差异化、定制化金融产品。

通过加大竞争力度，在有效降低风险溢价的同时，提高金融服务质量。"贯彻落实新发展理念"，"为实体经济发展提供更高质量、更有效率的金融服务"。首先，要精准，"要围绕建设现代化经济的产业体系、市场体系、区域发展体系、绿色发展体系等提供精准金融服务"。其次，要突出重点，"要更加注意尊重市场规律、坚持精准支持，选择那些符合国家产业发展方向、主要相对集中于实体经济、技术先进、产品有市场、暂时遇到困难的民营企业重点支持"。根据民营企业融资需求的特点，借助互联网、大数据等新技术，设计个性化产品，综合考虑资金成本、运营成本、服务模式以及担保方式等因素来科学定价，着力提升对民营企业金融服务的针对性和有效性，充分激发民营经济的活力和创造力。最后，金融机构应基于现代金融科技，着眼于培育市场研发能力、资产识辨能力、风险资产定价能力等，大力发展普惠金融和绿色金融，降低金融服务成本，切实提高金融服务水平、质量和效率。

第四章 保持宏观政策稳健以促进金融体系稳定

　　无论中央银行沟通如何清晰高效，不确定性始终与货币政策如影随形（Kurov 和 Stan，2018）。正如美联储前主席 Greenspan（2003）所强调的，"不确定性不仅仅是货币版图的一个重要特征，而且是这一版图的决定性特征"①。2008 年全球金融危机爆发以后，这一特征更是展现得淋漓尽致——为有效应对世界经济深度调整和再平衡的新常态，各国央行纷纷采取一系列宽松的货币政策刺激经济，多次大幅下调货币政策利率，大量"非常规"的货币政策不断涌现。同期，因应全球经济金融局势的骤变，我国坚持"有效市场"与"有为政府"相结合，开启"非常规货币政策"调节，相继创设诸如短期流动性调节工具（SLO）、常备借贷便利（SLF）、中期借贷便利（MLF）、定向中期借贷便利（TMLF）等流动性管理工具，并有机搭配多种短中长期货币政策工具"削峰填谷"，指导金融机构扩大信贷总量，支持宏观经济平稳较快发展。

　　实践证明，非常规货币政策对实体经济衰退有明显的遏制作用（Lenza 等，2010；Shibamoto 和 Tachibana，2013），但与之相伴而行的货币政策的不确定性所带来的潜在影响不容忽视。以欧洲央行为例，其本意是借此刺激资金流向实体经济、提振经济增长，结果反而打击了市

---

① "Uncertainty is not just an important feature of the monetary landscape; it is the defining characteristic of that landscape"，https://www.federalreserve.gov/boarddocs/speeches/2003/20030829/default.htm.

场信心，导致银行放贷动力不足，企业及居民囤积现金[①]；马骏和管涛（2018）在回顾我国货币政策框架转型时亦认为，我国货币政策"决策机制倾向于频繁使用短期经济刺激、忽视经济的长期可持续性和稳定性，最终体现为我国货币发行量的持续高速增长、宏观杠杆率持续大幅上升、房地产泡沫的反复出现"。那么，货币政策的不确定性是不是资金淤积在银行体系，继而导致其传导效果偏差的原因之一？

事实上，近年来货币政策实际传导效果的偏离已经引发了部分学者对货币政策不确定性的关注，但研究大多集中在宏观层面，如发现货币政策不确定性可能会引起名义利率和经济增长率的下降（Jordà 和 Salyer，2003；Sinha，2016），影响失业率以及产出水平（Herro 和 Murray，2011；Huang，2016），抑制外国直接投资流入（Albulescu 和 Ionescu，2018）。对于货币政策的频繁调整如何影响微观企业的融资行为和财务决策，特别是对决定企业获利能力甚至生存能力的资本结构动态调整，学界鲜有探讨。而企业在生产经营过程中难免会偏离使自身价值最大化的最优资本结构水平，企业的价值和盈利能力也随之受损，此时，准确把握自身资本结构的变动情况、迅速纠正实际资本结构与最优资本结构的偏差就显得尤为重要。2012 年华北制药公司通过非公开定向增发募集资金下调过高的资本结构水平，扭转了连续亏损的局面[②]，便是一个典型的例证。鉴于此，在"必须更加重视打通货币政策传导机制"[③]的当下，考虑到货币政策的紧缩和扩张（一阶矩行为）可通过银行信贷渠道对企

[①] 张家伟：《规避负利率"成本"欧洲的银行使出最原始的"招数"》，https://wallstreetcn.com/articles/258363。文中援引摩根士丹利首席跨资产策略师 Andrew Sheets 称，人们只会在对未来有信心时才增加借贷和支出，"但是引入负利率，进入未知的领域，政策实际上打击了信心"。

[②] 2007～2011 年，华北制药公司的资产负债率连续攀升，2009 年和 2011 年更是突破了 80%，2012 年和 2013 年该公司两次进行非公开定向增发，将募集的资金用于偿还债务，下调过高的资本结构水平。得益于此，华北制药公司的资本成本降低，盈利能力逐渐恢复，最终在 2014 年扭亏为盈。

[③] 2018 年 8 月 2 日，国务院金融稳定发展委员会召开第二次会议，明确提出要"面对实体经济融资难、融资贵的问题，必须更加重视打通货币政策传导机制，提高服务实体经济的能力和水平"。

业融资成本和融资规模产生的影响（饶品贵、姜国华，2013），且在中国经济转型过程中，"金融市场结构还不是很完善，信息不对称比较严重，作为传统利率渠道修正的货币政策信贷传导渠道的重要性也更加突出"（徐忠，2017），我们拟在刻画货币政策不确定性的基础之上，探讨货币政策频繁调整产生的不确定性（二阶矩行为）是否及如何通过银行信贷渠道影响微观企业行为，并通过实证加以检验，以期为落实以习近平同志为核心的党中央提出的"坚定执行稳健的货币政策"、提高金融服务实体经济的效率提供借鉴。

第一节　货币政策不确定性、银行信贷与企业资本结构动态调整

长期以来，由于我国股权市场融资限制较多，债券市场发展不够完善，以银行信贷为代表的间接融资成为企业融资的主要来源，货币政策则主要通过银行信贷渠道影响实体经济。而在改善货币政策传导机制方面，正如中国人民银行行长易纲所强调的，建立对银行的激励机制，缓解银行信贷供给端的约束，也一贯是中国人民银行的政策着力点（陈果静，2019）。据此推断，货币政策不确定性影响企业资本结构调整的可能渠道之中，银行信贷应当是不可或缺的中介变量之一。事实上，相关线索已在文献中埋下伏笔。

一　货币政策不确定性与银行信贷

货币政策不确定性主要通过两条路径影响银行信贷。

第一，真实期权及不作为渠道。货币政策不确定性上升，银行信贷的等待期权价值上升，银行倾向于推迟放贷行为，银行信贷规模下降、利率上升。一方面，根据真实期权（real option）文献，在高度不确定的政策环境下，若存在固定的不可逆成本，拖延的价值就会上升（Dixit和 Pindyck，1994）。当货币政策不确定性升高，贷款收益率变得难以预

测时，银行更倾向于等待或观望，表现为延长企业等待发放贷款的时间或者拒绝更多的贷款申请人，这也许是因为他们在等待更新或更好的信号，或者尝试收集更多关于申请人质量的信息（Alessandri 和 Bottero，2017）。这就使企业从银行获得债务融资的难度增加，银行信贷规模下降。另一方面，"不作为经济学"认为，通过模型指出，不确定性导致一个中央不作为区，随着不确定性的增大，由于非凸性调整成本增加，这一不作为区不断扩大（Stokey，2008）。与此有异曲同工之妙的是，管理学文献已经证实，即便是对于经验丰富的管理者，不确定性仍意味着难以估量的挑战（Townsend 等，2018），因为"未知"的将来阻碍了决策者对其行动结果的预测（Huang 和 Pearce，2015），阻挠管理者和企业家精心制订的方案（Sarasvathy，2001），使他们为了规避不确定性带来的风险而"摸着石头过河"（McMullen，2015）。据此推断，随着货币政策不确定性的上升，银行对未来的流动性需求难以形成稳定的预期，银行管理者的不作为区将不断扩大，于其信贷决策则表现为推迟放贷、缩减贷款规模。在早期的研究中，Baum 等（2009）以美国 1986 ～ 2000 年数据为样本的文献就证实了银行信贷决策受金融部门不确定性（以日利率的季度波动为衡量指标）影响。

第二，信息不对称渠道。货币政策直接影响银行可供借贷的资金量和利率水平，是银行进行信贷决策的重要参考依据，因此银行管理者会尽可能多地收集有关货币政策的信息并纳入信贷期望收益预测框架（Baum 等，2009）。当货币政策频繁调整，货币政策不确定性程度增加时，银行管理者进行信贷决策的可用信息更多更复杂，贷款期望收益预测中噪音信号的波动方差变大，其对风险性贷款真实收益估计的准确性随之下降（邱兆祥、刘远亮，2010），继而迫使银行调整资产负债结构，降低贷款占资产之比。而货币政策的频繁调整亦导致资产的市场价格波动剧烈（Allen 和 Gale，1998），更进一步加剧银企之间的信息不对称。尤其在银行普遍倚重以抵押物作为第二还款来源的情况下，资产价格的频繁波动更会引发信贷管理人员的决策偏差。另外，在货币政策变动频仍的背景下，企业也会因此容易出现投资决策或经营方向失误，使银行面临更高的违约风险（张琳等，2015）。在此背景下，出于维持良好业绩的目的，银行会采取相对保守的经营策略，信贷决策更为谨慎，贷款审核标准进一步提高，继而使企业融资难度上升，银行信贷可得性下降。与此同时，为了平衡风险和收益，加之货币政策变动频仍可能造成银行负债成本上升或加剧银行资产负债结构的不匹配，银行也会相应提高信贷利率水平，企业的融资成本随之上升。

二　银行信贷与企业资本结构动态调整

受制于外部宏观经济环境、公司内部各利益主体之间对控制权和利益的博弈，加之信息不对称与交易成本的存在，企业实际的资本结构不可避免地会偏离其目标水平[①]，后者亦称为最优资本结构，是能够最小化资本成本和最大化公司价值的一种权益与债权之间的安排（Frydenberg等，2011）。为提升企业价值和增长率，企业会基于内外部环境的变化，权衡成本与收益，对资本结构进行动态调整（姜付秀、黄继承，2011）。

银行信贷作为重要的外部资金供给来源，对于企业资本结构调整有决定性影响（Graham和Leary，2011）。例如，Kahle和Stulz（2013）发现，金融危机期间，由于信贷供给压缩，依赖于银行贷款的公司不得不减少举债及资本支出；Shen等（2014）亦证实，中国2009～2010年的信贷放量增长期间，银行信贷可得性的差异导致了企业杠杆率变动的差异。近期以美国为背景的研究甚至证实了银行信贷供给总量波动对新的股权资本供给的影响（Bergbrant等，2017），而后者对企业杠杆率的影

[①] 造成实际资本结构偏离目标资本结构的主要原因是市场摩擦引致的资本调整成本，后者负向影响资本调整速度。具体而言，调整成本是一系列影响企业价值的成本，如包含各种费用的固定成本以及由于资本市场不完善导致的制度成本，前者指的是企业进行资本结构调整所需要的各种成本和费用，后者则源于资本市场中的摩擦和效率低下。企业在资本结构出现偏离时，会在资本调整收益和资本调整成本之间进行权衡——如果调整成本高于调整所带来的收益，资本结构的偏离就不会得到纠正；反之，实际资本结构就会更快地接近目标资本结构。

响显而易见，从另一方面为银行信贷与企业资本结构调整的关联提供了经验证据支持。

当货币政策不确定性升高时，银行信贷规模的相应下降意味着企业融资难度的增加，银行降低接受新贷款申请的可能性以及延长企业等待贷款发放的时间会导致企业无法及时获得融资资金，增加企业进行资本结构调整的制度成本，使资本结构调整速度下降。此外，当货币政策不确定性上升时，银行相应提高信贷利率水平，这直接增加了企业的融资成本，资本结构调整中的固定成本也随之增加，调整速度下降。企业融资成本的上升增加了财务风险，也会导致企业减少投资（王义中、宋敏，2014），决策者会表现出更强烈的流动性偏好（Ilut 和 Schneider，2014）。进一步地，决策群体中的个体在不确定性较高的情况下更易产生分歧，由于现金是对未来潜在风险的对冲，加之基于预防动机及财务弹性（Cao 等，2013）、风险收益权衡等方面的考量（Kim 和 Kung，2017），集体决策更倾向于稳健的"现金为王"而减少投资。上述多种因素的交叠，将会导致企业投资水平下降以及融资需求减少，从而放慢资本结构的调整过程。

综上所述，货币政策频繁调整引起的不确定性增加会影响银行的信贷决策，导致银行信贷规模下降、银行信贷利率上升，继而增加企业的融资难度和融资成本，企业的资本结构调整成本上升，调整速度随之下降（如图 4－1 所示）。

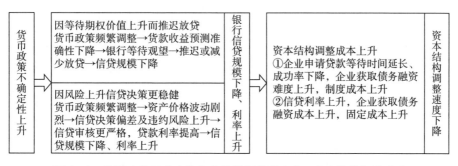

图 4－1　货币政策不确定性经由信贷渠道影响企业资本结构调整速度

第二节 货币政策与金融稳定政策关系的理论和制度反思

一 保持货币政策稳健的重要意义

中国经济步入以高质量发展为诉求的新时代，探究货币政策的微观基础，把握政策信号的传导机制，继而洞悉政策落地效果的强弱，是进一步疏通货币政策传导机制、增强服务实体经济能力的关键。在此背景下，下文运用随机波动模型刻画近十余年来中国货币政策不确定性的发展，建构了货币政策不确定性经由银行信贷渠道作用于微观企业资本结构动态调整的逻辑分析框架，并应用面板向量自回归模型描绘了中国经济金融的对应典型事实，在此基础上，以 2000 ~ 2016 年中国沪深两市非金融类上市公司的年度数据为实证研究样本加以检验。研究结果表明，货币政策不确定性通过真实期权及不作为渠道、信息不对称渠道影响银行信贷利率及信贷规模，继而影响微观企业资本结构动态调整。当货币政策不确定性程度增加时，银行出于风险收益权衡和经营稳健性的考虑，倾向于推迟或者谨慎放贷，同时提高对企业的贷款利率水平，企业的资本结构融资成本和融资难度因而上升，企业资本结构调整的成本随之增加，调整速度下降。

上述研究结论响应了 Friedman（1968）对货币政策应当如何操作所提出的第二个要求——货币当局要避免货币政策的急剧变动，因为稳定的货币政策"有利于进取心、独创精神、创造力、克勤克俭等基本要素的有效运转，而这些基本要素正是经济增长的真正源泉"（Friedman，1968）。因而，保持货币政策的稳健性，对于进一步疏通货币政策传导机制、增强服务实体经济能力具有重要意义。第一，充分重视货币政策的不确定性经由银行信贷渠道传导对实体经济产生的负面影响，切实做到"坚定执行稳健的货币政策"。货币政策波动的加剧往往伴随银行信贷增长的减弱及信贷利率的上升，继而阻碍了企业资本结构的动态调整。因而，货币政策当局应避免在贯彻"货币匹配经济"这一稳健中性货币政策的核心逻辑的同时，因政策变动过频而使货币政策陷入"推于一索（push on a string）"① 的境地。第二，注重货币政策的稳定性和连贯性，提高货币政策的透明度和前瞻性指引能力，充分发挥降低货币政策的不确定性在缓解银行信贷供给端的约束、促进"稳杠杆"中的积极作用。当下迫切的任务之一，是进一步完善利率走廊机制，缩窄利率波动区间，形成公开、透明、可信的能够真正稳定预期的利率走廊操作框架，结合日常的公开市场操作，有效开展利率引导，为宏观经济的转型升级营造平稳政策环境的同时，降低市场中微观主体面临的来自信贷渠道的不确定因素，亦是优化企业营商环境、促进实体经济发展的题中之义。

二　杰克逊霍尔共识

过去 30 余年的政策发展与实践中，货币政策与金融稳定政策的制度安排一直是货币政策框架下的一个基础性问题。立足货币政策与金融稳定政策相对分离的"杰克逊霍尔共识"经历了盛行、反思与回归的三个历史阶段，这实际上是金融稳定目标实现的制度安排和治理体系问题。虽然，中国实施了货币政策与宏观审慎政策双支柱的调控框架，物价稳定和金融稳定双重职能集中于中央银行，更加深刻地认清货币政策与宏观审慎政策的内在关联、目标权衡以及融合机制，对于进一步发挥双支柱调控框架的物价稳定和金融稳定功能具有重要的政策意义。

从政策框架出发，需要加深认识的问题有五个。第一，货币政策能不能实现物价稳定、经济增长和金融稳定的三个目标，即多重目标权衡问题。第二，逆风而动是不是货币政策擅长的政策逻辑，货币政

---

① "推于一索（push on a string）"是货币政策限制和中央银行无能为力的隐喻。货币政策有时只能在一个方向上发挥作用，因为企业和家庭如果不愿意就不会被迫花钱。如果银行认为放贷风险太大而且私营部门因经济不确定性想要储蓄更多，那么增加货币基数和银行储备将不会对刺激经济产生效果。https://www.investopedia.com/terms/p/push_on_a_string.asp。

策是否能够及时、有效、逆向性地甄别和应对资产泡沫等金融风险。第三，针对系统性风险的应对要求，货币政策是否具有在时间维度的风险传染（如顺周期性）和在空间维度的风险传染（如"大而不倒"、影子银行、内在关联性）针对性政策储备。第四，货币政策自身是否存在显著的风险外溢性或者系统性低估风险水平，货币政策在应对风险的同时可能又内生地制造风险。第五，在金融稳定职能上，是否存在货币政策的替代性及补充性政策，实际上是货币政策与宏观审慎政策的关系问题。

从金融稳定职能的治理安排上，中央银行的职能是一个核心问题。在双支柱的政策框架中，中央银行作为物价稳定与金融稳定双重目标的载体，需要关注四个重要的问题。一是货币政策职能与中央银行职能及其在金融稳定框架中的作用，中央银行如何在两个政策框架中扮演"链接"角色。二是厘清法定职能和市场职能的关系融合问题。中央银行"天生"具有金融稳定的市场职能，但是，不同经济体对央行法定职能的界定存在差异。三是如何在双支柱框架中统筹好合作博弈与纳什博弈，是选择逻辑完美的合作博弈还是相对独立运作的纳什均衡是政策体系的重要问题。四是宏观审慎政策主体的单一性和多元性问题，是央行一家承担双支柱职能更好，还是包括央行在内的多元主体承担宏观审慎政策好。

（一）杰克逊霍尔共识的核心

货币政策与金融稳定政策关系是货币金融体系中的一个基础性问题。20 世纪 90 年代中期至全球金融危机之前，物价稳定与金融稳定的两个政策支柱相对分离一度成为重要的理论共识和政策实践。金融稳定政策和货币政策各司其职，只有当金融稳定问题显著影响物价稳定和经济产出及其预期时，金融稳定才需纳入货币政策的权衡决策之中，否则货币政策将走入资产泡沫应对的歧途（Bernanke 和 Gertler, 2001）。

在以锚定物价水平为支撑的通胀目标制盛行过程中，金融稳定政策与货币政策两个政策支柱相对分离逐步形成了所谓的"杰克逊霍尔共识"（Jackson Hole Consensus）。这个共识具有三个核心（Bernanke 等，1998；Woodford，2012；Svensson，2011）：一是长期价格稳定是经济产出最大化的基础，尤其在新凯恩斯框架下物价稳定是产出保持在潜在自然水平的基本条件；二是货币政策是实现物价稳定的核心工具或价格稳定是货币政策的基本目标；三是锚定物价规则是稳定市场预期、保障央行独立性以及实现长期价格稳定的有效方式，即通胀目标制，包括资产价格在内的诸多金融变量只有影响通胀及其预期才需纳入货币政策框架之中。

全球金融危机之前，货币政策与金融稳定政策关系的代表性观点及政策启示就是杰克逊霍尔共识，即货币政策与金融稳定两个政策支柱相互分立，只有金融稳定政策影响物价稳定时，货币政策才需要考虑金融稳定的影响。在这个共识之下，货币政策以物价稳定为目标，通胀目标制成为诸多大型经济体的政策选择，近 40 个经济体选择了通胀目标制或弹性通胀目标制，特别是美国、英国、日本、欧元区、澳大利亚、加拿大等发达经济体都实行通胀目标制或弹性通胀目标制。

（二）杰克逊霍尔共识的修正

全球金融危机最大的启示是物价稳定不是金融安全的充分条件。20世纪 80 年代中期以来，全球经济整体处于一个通胀水平稳定、经济波动较低的"大稳定阶段"（The Great Moderation），其中货币政策在稳定物价和稳定产出中都发挥了重要的作用（Romer 和 Romer，2004；Bernanke，2004），基于物价锚定为基本逻辑的货币政策更加有效地发挥了更为普遍效应，经济结构的内生强化和经济冲击的分布都产生了积极的效果，物价和经济稳定的未来前景是乐观的。但是，2007 年源于美国的次贷危机最后演化为大萧条以来最为严重的金融经济危机显示，物价稳定的政策框架不足以保障金融体系的稳定性（Davis 等，2008；Woodford，2012）。

通胀目标制与物价稳定的内在关联一定程度上被过度夸大。一是通胀目标制的物价目标实际上致力于锚定的是 2～3 年中短期的通胀水平，缺乏真正的长期稳定视角（Borio 和 Lowe，2002；White，2006）。二是通胀目标制忽视了商业周期与金融周期的不同步性。在这个逻辑下，货币政策以短期利率调整为核心，希望能够熨平商业周期的波动及其对物价稳定的潜在影响，但是，忽略了金融周期运行下的风险内累积性及利率变化对风险的内生性影响。三是在货币主义和通胀目标制的盛行中，尤其是美国、英国、加拿大等经济体的成功政策实践，忽视了经济体系结构性因素和其他政策对长期通胀的贡献，例如财政政策（公共债务规模）、全球分工等对物价也具有重要的影响，物价稳定的理解过度地与货币政策关联起来，而低估了其与经济基本面的内在联系（Cochrane，1998）。四是通胀目标制下，货币政策与金融稳定相对分离的逻辑使这种复杂的"正交关系"与实体经济基本面的相关性逐步脱离（Adrian 和 Shin，2008），并逐步形成了一种物价稳定与金融稳定画等号的错觉（Smets，2014）。

中央银行在金融稳定目标中发挥更大的职能成为重要的政策共识。金融危机爆发让学术界和政策界重新反思货币与金融稳定两个政策支柱之间的关系，尤其是 G20 领导人对于金融稳定任务和宏观审慎政策框架的重视，使金融稳定目标和宏观审慎政策被强化。金融危机及其后数年，国际社会和主要经济体的共识是货币政策当局需要强化金融稳定职能，甚至一度流行金融稳定应成为货币政策的第三个政策目标（King，2012），同时大力发展宏观审慎政策及相关工具。超低利率、零利率、量化宽松、扭转操作、量化质化宽松甚至负利率成为货币政策践行金融稳定职能的重要实践，同时，宏观审慎政策成为系统性风险防范应对以及金融稳定目标实现的核心框架。

（三）杰克逊霍尔共识的回归

2014 年以来，美联储和国际货币基金组织（Yellen，2014；IMF，2015）等重新梳理货币政策与宏观审慎政策的关联与关系，认为金融稳定职能纳入货币政策框架将会弱化货币政策对通胀的关注、引致新的多重权衡甚至会弱化货币政策独立性以及物价稳定目标的实现，"杰克逊霍尔共识"具有回归的趋势。

"杰克逊霍尔共识"的回归本质涉及的是金融稳定机制的制度安排或治理体系。新近"杰克逊霍尔共识"的回归不是简单地重新回归货币政策与金融稳定政策的简单分离，而是讨论是否存在具有相对独立的政策框架和更加有效的统筹机制，或者两个政策实施的更好机制安排。坚守货币政策与金融稳定政策相对独立、反对金融稳定成为货币政策决策因子的美联储前主席伯南克（Bernanke，2013）认为，美联储在货币政策决策中考虑到了金融稳定与物价稳定的某种（但非决定性）权衡关系。在实践上，部分经济体选择由单一机构来作为宏观审慎政策主体，甚至一家"超级机构"承担货币政策、宏观审慎和微观监管职能，更多的经济体则选择由多家机构来共同承担金融稳定职能，由央行承担宏观审慎核心功能的双支柱亦成为重要的政策实践。

第三节　物价稳定与金融稳定的政策权衡

货币政策与宏观审慎"双支柱"调控体系的构建有赖于厘清货币政策与宏观审慎政策的内在关系，尤其是目标的内在融合性。但是，根据丁伯根法则，一个目标至少需要一项政策，当金融稳定纳入货币政策框架之中，就面临多重目标选择问题，这是全球金融危机之前重大的制度弊端之一。这也是杰克逊霍尔共识盛行及再度回归的一个重要理论基础。而在实践上，货币政策是否能够发挥金融稳定所需的逆风而动职能，同样存在较为明显的质疑。针对系统性风险的演进逻辑，时间维度和空间维度的风险传染防控及应对是维护金融安全的核心任务，但是，货币政策在空间维度的风险传染上缺乏针对性的举措。还有，货币政策既是金融风险的应对工具，也是金融风险的内生因素，宏观审慎政策对于货币政策的风险外溢效应具有一定的补充作用。从货币政策局限性方面来讲，应该更多地发挥宏观审慎政策在金融稳定方面的职能。

一 丁伯根法则与多重目标权衡性

（一）货币政策面临多目标矛盾

对金融稳定的一个恰当的界定是金融体系能充分发挥其三个功能：支付结算、风险管理与储蓄投资转换，并有充分弹性应对三个功能弱化的威胁（IMF，2015）。充分弹性主要是指可以有效降低金融危机概率和危机冲击。对金融稳定的另一种界定是相对于金融不稳定，即金融体系不能出现信用骤停、跨界传染以及危及资金融通的状况（Minsky，1992）。但是，对金融稳定的界定是相对困难的，不像物价稳定和充分就业可以有成熟且简单的指标体系。

在全球金融危机之后，金融稳定作为一个更加重要的政策目标被纳入政策体系之中，但是，是否由货币政策来承担这个功能存在较大的争议。其中，最为重要的一个约束就是丁伯根法则。根据丁伯根法则，一个目标至少需要一个政策，当金融稳定成为货币政策的法定目标后，货币政策实际上就面临多重权衡。

目标多重均衡的实现需要重要的条件，但是，货币政策框架可能难以全面满足这些条件。一是货币政策体系需要及时有效地监测到金融风险。二是货币政策对于金融风险的应对处置是有效的，如能够明显降低杠杆率、期限错配和资产泡沫，即金融风险与货币政策的内在关联性是明确的。三是货币政策的政策工具是多元且有效的。四是金融稳定目标的实现不能与物价稳定、产出最优化产生负效应。但是，这四个条件实际上是较难同时实现的，如资产泡沫的甄别就是重大难题，利率调整对资产泡沫应对的有效性更是一个重大疑问（Yellen，2014）。

（二）通胀目标制下的多重权衡更明晰

在通胀目标制下，金融稳定与物价稳定的目标权衡的矛盾更加突出。货币政策需要在物价稳定和经济增长目标之间进行权衡，尤其是通胀目标制在货币政策决策中成为共识实际上隐藏着潜在的谬误，那就是过度放大通胀目标实现在经济产出最优化和物价稳定中的贡献（De-

Grauwe，2007）。政策实践表明，一定程度上的经验表明短期产出稳定和中长期物价稳定是可以实现的，但是，潜在的成本实际上是非常巨大的，那就是金融失衡的累积和金融危机的呈现（IMF，2015）。一旦将金融稳定纳入其中，那么三个目标的权衡甚至冲突可能就难以避免，一个货币政策难以同时满足三个目标的均衡条件，反而可能引发产出的较大波动或金融不稳定性。

二 逆风而动与政策逻辑匹配性

（一）逆风而动：危机反思的政策启示

在全球金融危机之前，由于杰克逊霍尔共识的盛行和通胀目标制在诸多经济体的实践，金融稳定没有成为美国、英国、欧元区、日本等大型经济体货币政策的决定因子，货币政策当局基本上是在金融危机爆发之后承担最后贷款人的职能，从中体现其金融稳定的职能。一定程度上，中央银行已弱化了其金融职能的初衷，而坚守其物价稳定的目标并认为可以较为有效地保障金融稳定，在逆风而动、事前防范（Lean）和危机应对、事后清理（Clean）的权衡中，美英等经济体基本选择了后者（IMF，2015）。

逆风而动的政策逻辑成为全球金融危机政策反思的一个重要启示。美国次贷危机"意外地"演化为大萧条以来最为严重的全球金融危机，央行以及其他政策当局的善后清理成本巨大，欧元区甚至还为此陷入了主权债务危机的泥潭。金融危机之后，中央银行承担更大的金融稳定职能成为重要的政策议题，同时，政策当局需要具有更加显著的逆风而动（Lean Against the Wind，LAW）的政策能力。但是，是否由货币政策来承担金融稳定的核心职能、货币政策能否在金融稳定中发挥逆风而动的功能以及是否存在更好的政策替代货币政策是三个重要的疑问。第一个问题在前文已进行分析。

（二）逆风而动货币政策面临实践难题

针对货币政策能否发挥逆风而动并维系金融稳定问题，学术界和政策界倾向于认为货币政策难以实现逆风而动并保证金融稳定。审慎的货币政策有助于支持金融稳定，逆风而动亦成了危机之后的重要启示，但是，这个启示不足以成为采用逆风而动货币政策应对金融风险的政策指引。逆风而动的货币政策实现金融稳定目标需要三个前提。一是传导机制顺畅。政策利率调整对于金融风险的应对是显著且有效的。二是物价稳定和金融稳定的权衡已经在一个内在统筹的机制中得以解决，潜在的权衡程度已经降至最低。三是逆风而动的政策框架需要一个简单、清晰和可观察的指标体系，同时，能够较好地权衡成本与收益（IMF，2013b；Svensson，2016）。

货币政策在应对通胀和产出波动中是否能够真正实施逆风而动的政策逻辑已存在质疑（Taylor，1999；Orphanides，2004），在金融稳定的任务实施中更加难以逆风而动，即便是发挥最后贷款人的功能。一是金融指标和通胀等可能具有滞后性，而且金融周期长于商业周期，金融风险滞后性可能更加显著。二是货币政策应对金融风险或资产泡沫面临工具局限性。三是货币政策对于资产泡沫的逆风而动可能触发逆向选择，货币政策与金融稳定在不同时点上存在方向性矛盾，同时紧缩性货币政策短期内对于金融稳定是不利的。IMF（2015）模拟政策利率在1年内提高100个基点，家庭部门债务率在其后4~16个季度下降0.2~0.3个百分点，但是，利率提升后1~2个季度银行和非银行金融机构的杠杆率反而是提升的。四是逆风而动的长期收益有限但潜在成本可能十分巨大，尤其是经济产出、就业促进的成本十分显著。Angeloni等（2015）的研究发现政策利率提升100个基点后，企业部门债务水平在16个季度后下降才达到极值水平，约0.7个百分点。但是，一年内利率提高100个基点，对于物价稳定和产出稳定的冲击可能是极其显著的，2004~2006年美国紧缩货币政策时期，两年多累积加息才200个基点。Svensson（2014）在基于逆风而动的利率调整来应对金融稳定的成本收益分析中发现，100个基点的利率提升会在一年后提高失业率约0.5个百分点，失业冲击在4~8个季度达到高峰，冲击将延续3~4年。

最后是逆风而动的货币政策应对金融稳定，要求货币政策更加具有弹性，但是，政策弹性意味着决策的摇摆和权衡，将会进一步弱化货币政策锚定通胀水平及预期、中央银行独立性及公信力以及政策的有效性。

（三）逆风而动货币政策难以治理资产泡沫

在金融危机后，逆风而动成为系统性风险防范和金融稳定目标实现的政策前提，金融稳定要求政策当局在系统性风险暴露之前就进行事前防范（Viñals，2013）。在逆风而动事前防范的政策逻辑中，资产价格成了金融稳定的核心指标。

资产价格偏离稳态过久就会使经济金融体系面临运行安全问题（易纲、王召，2002），但是，货币政策对于资产价格泡沫的应对有效性存在重大的不确定性（Bernanke 和 Gertler，2001；Mishkin，2011；Yellen，2014）。一是资产泡沫的甄别是困难的。例如，传统的泡沫指标是信用扩张规模与 GDP 之比以及房地产市场、股票市场价格及估值指标等，但是，难以向物价稳定设定目标或区间。泡沫程度和风险程度是否过度需要结合特定的经济金融条件加以认识。二是即使存在泡沫，货币政策是不是有效工具存在疑问。例如，利率调整对于债权性市场（债券、信贷）可能有直接的作用，但是，对于股权性市场的直接作用可能是不显著的。三是货币政策调整是缓慢的且存在权衡的过程。货币政策当局难以短期内迅速大幅提高利率水平以应对资产泡沫，否则产出和物价将受到重大的冲击。

（四）宏观审慎政策具有逆风而动功能

作为一种政策替代，宏观审慎政策在应对金融风险累积上可能更加具有针对性和结构性，能在结构上实现一定程度的相机抉择。一是宏观审慎政策在微观指标设置上具有前置逆风而动的秉性，例如，逆周期缓冲资本、贷款价值比、动态拨备。二是宏观审慎政策在逆风而动上具有一定的结构性，如在系统重要性问题的应对上，"一事一例"的处置与恢复机制（如生前遗嘱、顺序清算权）可以减少风险暴露阶段出现资产抛售和价格下跌螺旋的程度（FSB，2017）。三是宏观审慎政策不具有利率政策的总量属性，同时需要金融机构资产负债表和非金融机构资产负债表两个阶段的传导，对于物价稳定和产出稳定的冲击相对间接且偏弱。四是宏观审慎政策同样可以双向操作，可以作为货币政策进入零利率约束之后的有益补充，缓释金融紧缩及其潜在的通缩压力。

值得注意的是，不管是货币政策，还是宏观审慎政策，以及是不是有效的逆风而动的政策框架，都无法消除金融体系的风险及其内生性。危机处置与管理是重要的政策职责。大部分的逆风而动都是基于判断力，不像单一规则政策体系那么简单直接，不管是货币政策还是宏观审慎政策，正常情况以规则行事、紧急情况逆风而动可能是较好的选择（Baldwin 和 Reichlin，2013）。金融风险的内生性决定了危机的必然性，不管是货币政策还是宏观审慎政策都需要做好金融危机的处置和恢复准备，"最坏打算"及相关"善后清理"机制建设目前成了金融稳定委员会的一个重要工作（FSB，2011）。

三 系统性风险与金融工具针对性

货币政策在其长期的实践和发展中，已经逐步形成了货币政策目标、工具和相应的传导机制，当然货币政策的逻辑和工具也在动态发展之中，如非常规货币政策的出现以及零利率约束突破、负名义利率的实施等。宏观审慎政策是全球金融危机以来逐步建立的新兴政策体系，其工具和传导机制的发展相对于货币政策而言还处于相对初步的发展阶段。这里以货币政策和宏观审慎政策及相关传导机制来分析两政策的逻辑。

（一）系统性风险演进的时空视角与政策针对性

宏观审慎政策一般从时间维度和空间维度来应对系统性风险并致力于实现金融稳定目标（Borio，2003；BIS，2010；IMF，2013c）。从全球金融危机的演进、影响和启示看，时间维度的系统性风险主要体现在顺周期性上，货币政策当局和审慎监管当局对于顺周期都相对熟悉且具有较为成熟的政策工具。空间维度的系统性风险是本轮金融危机爆发的核心根源之一，是宏观审慎政策框架兴起的基本所向之一，也是诸多研究和政策实践的核心内容。

例如，多德－佛兰克法案维护金融稳定的核心所指是三个子目标，后两个都是空间层面的风险传染问题：一是强化流动性监测与管理，主要指顺周期问题；二是抑制系统重要性或大而不倒，金融风险监察委员会和美联储可在必要条件下拆分大型复杂的金融控股公司；三是减少内在关联性与内在复杂性，以沃尔克规则为支撑限制混业经营和自营交易。2018年5月美国完成金融监管放松的立法，"经济增长、放松监管和消费者保护法案"放松资产规模从500亿美元至2500亿美元的金融机构的系统重要性审慎监管要求，但同时保留了美联储的自由裁量权；合并资产规模低于100亿美元且交易资产及负债总额占合并资产规模的比例低于5%的银行机构将免除沃尔克规则的监管，但对于交易资产及负债总额超过100亿美元的仍将实施最严格的沃尔克规则。

如表4-1所示，从金融部门的结构看，宏观审慎政策框架主要考虑了商业银行、资产市场以及影子银行体系等领域的时间维度和空间维度的潜在风险，重点关注定价、杠杆率、流动性和关联性等领域。但是，从宏观审慎政策脆弱性因子观测的核心指标分布看，商业银行相关的脆弱性与货币政策的关联性相对较强，而资产市场、影子银行等对于货币政策，如利率的敏感性相对较弱，货币政策对于金融安全相关的结构性政策工具缺乏足够的针对性。

表4-1　宏观审慎政策金融子部门风险脆弱性因子分布

	定价因子	杠杆率因子	流动性因子	关联性因子	与货币政策工具的关联
商业银行	• 信用风险 • 利率风险 • 定价风险	• 资本金 • 风险资产	• 负债头寸 • 期限结构 • 抵押及非抵押融资	• 风险头寸 • 跨市场负债及资产 • 集中度	• 强 • 以利率为主

续表

	定价因子	杠杆率因子	流动性因子	关联性因子	与货币政策工具的关联
资产市场	• 风险溢价 • 定价中的非价格因素 • 期限溢价	• 信用/GDP • 机构投资者杠杆	• 交易商融资规模及占比 • 套利交易规模 • 共同基金规模 • ETFs基金	• 衍生品 • 交易对手方	• 弱 • 利率有一定影响
影子银行	• 证券化产品定价 • 抵押融资规模 • 信用利差	• 证券化层级 • 资本套利减扣 • 风险对冲程度	• 回购 • 商业票据 • 货币市场基金	• 与传统金融机构、基础市场关联性	• 弱 • 利率、公开市场操作有一定影响

资料来源：BIS（2011）、IMF（2013a）、Adrian 等（2013）以及笔者整理。

（二）时间维度：货币政策与宏观审慎具有替代性

基于宏观审慎政策对金融体系脆弱性因子的观察和系统性风险时间和空间维度的演进机制，结合货币政策的工具措施，可以进一步认识货币政策与宏观审慎政策目标实现过程中的内在关联性，可以更好地认识货币政策是否为金融稳定的政策工具。

从系统性金融风险应对的现实要求和宏观审慎政策"时空维度"的内在逻辑比较，货币政策与宏观审慎政策在时间维度的系统性金融风险应对上具有较大的重合性或替代性。货币政策和宏观审慎政策在时间维度的系统性风险应对核心机制都是通过影响信用的成本和规模来实现的，但二者的主导机制存在差异。货币政策核心是影响信用的成本，以利率（价格型工具）作为核心工具，当然货币政策同时也影响信用规模。宏观审慎政策核心是影响信用的规模，以数量型指标（如资本充足率、逆周期缓冲资本、贷款价值比、动态拨备）为核心工具，当然宏观审慎同时也影响信用成本。

（三）空间维度：货币政策工具缺乏足够针对性

如表4-2所示，在系统性风险演进的空间维度上，货币政策的针对性和主导性明显较弱。除了在银行间市场、债券市场、汇率和资本项目管理上具有主导性之外，货币政策在系统性风险空间传染的其他领域的针对性是中等或不显著的。例如，在系统重要性、影子银行和资产价格方面的政策有效性都是相当弱的。虽然，货币政策当局在货币政策决策尤其是利率政策制定中基本考虑了资产价格及其对通胀的影响，但是，货币政策尤其是利率对于资产价格泡沫的应对效果被证明是相对较弱的，除非利率提高迅速且幅度惊人。值得注意的是，货币政策如果将系统性风险应对和金融稳定纳入政策框架之中，面临与物价稳定的权衡问题，更重要的是，杰克逊霍尔共识及通胀目标制中的单一目标和单一工具在应对金融稳定上缺乏能动性。货币政策与系统风险防范和金融稳定目标实现的政策工具匹配性上不如宏观审慎政策更为直接。

表4-2 系统性风险防范任务、指标及其与货币政策工具的匹配性

	核心任务	主要指标	货币政策主导性	主要政策工具	与物价稳定的权衡
时间维度	顺周期性	信用可得性	强	利率、公开市场操作	部分权衡
		市场流动性	强	利率、公开市场操作	部分权衡
		资产价格	中	利率影响不显著	弱权衡
空间维度	基础设施	支付清算体系	强	直接监管	无
		银行间市场	强	公开市场操作	部分权衡
		资产定价制度	弱	—	—
	系统重要性	风险头寸	中	资本充足率、准备金	弱权衡
		大而不倒	弱	—	—
		内在关联性	弱	—	—
	影子银行	融资成本	中	利率	部分权衡
		杠杆率	中	资本充足率、准备金	弱权衡
		监管覆盖面	弱	—	—
	资产泡沫	股票价格	弱	—	部分权衡
		债券价格	强	利率、公开市场操作	部分权衡
		房地产价格	中	利率、信贷限制	部分权衡
	跨境外溢效应	头寸大小	弱	—	—
		货币错配	强	汇率	部分权衡
		期限错配	弱	—	—
		资本流动	强	资本项目管理	部分权衡

资料来源：根据相关资料总结。

四　货币政策风险内生性与宏观审慎政策互补性

（一）货币政策是金融稳定的内生因子

审慎的货币政策是金融稳定目标实现的必要条件，但是，基于物价稳定目标的货币政策不是金融稳定的充分条件。最为重要的根源是货币政策本身可能是金融风险产生和积累的基础因素之一，这主要体现在顺周期、资产负债表效应以及短期融资依赖性等问题上。一是顺周期性。货币政策虽具有逆周期管理功能，但其自身较大程度上具有顺周期性。金融机构在顺周期效应中倾向于在上行周期加杠杆并提高风险资产的比重，而这将在未来下行周期中成为脆弱性的根源。二是信用总量扩张及风险分布改变。利率调整影响信贷规模同时也会影响信贷供给的结构。在利率降低后，资本充足率低的银行比资本充足率高的银行更倾向于扩张信贷（Ongena 和 Peydr'o，2011），同时资本充足率低的银行更倾向于发放更多贷款给信用记录较差的申请人且期限较长，高风险信贷的比重在提升。利率下降甚至会弱化银行对于家庭和企业的信贷标准，利率调整会影响家庭、企业和银行资产负债，从而影响金融体系的风险及其分布。三是短期融资依赖性。在货币政策相对宽松的条件下，不管是短期货币市场还是长期资本市场，流动性都是相对充裕的，金融机构通过加杠杆、提高风险资产比重、加大配置期限较长资产规模以获得更高的收益，同时为了缓释期限错配压力，逐步倚重于短期融资市场，最后就可能造成流动性危机。

（二）货币政策传导引致风险溢出

再基于货币政策传导的各个机制进行分析，任何一种传导机制都可能存在内生的金融风险累积或相关的政策失误。杰克逊霍尔共识和通胀目标制对于其政策的溢出效应缺乏全面的评估（Blanchard 等，2013）。基于货币政策传导机制的核心指标、潜在风险及宏观审慎政策的匹配，宏观审慎政策在货币政策传导过程中的内生风险应对具有较为显著的补充性（见表 4-3）。值得重点澄清的是，金融风险的内生性是非常复杂的，货币政策可能只是其中一个重要的影响因子，而宏观审慎政策对于内生风险的应对可能具有较为广泛的适用性。金融危机以来，风险承担渠道（risk taking）被认为是货币政策传导过程中的又一效应（Borio 和 Zhu，2008），当利率长期处于较低水平时，金融机构风险承担将更加显著，最后导致更大的潜在脆弱性。

表 4 - 3　货币政策传导中的风险内生机制及宏观审慎政策的补充性

	核心指标	政策失误	潜在风险	宏观审慎补充性
利率渠道	实际利率政策利率	顺周期政策利率偏低	无风险定价和风险溢价低估流动性陷阱	弱 通过影响金融机构信用规模间接影响利率传导，不掌握利率决策工具
信贷渠道	信贷可得性信贷规模信用利差	顺周期信贷供给过度	信贷风险定价偏低、高风险信贷持续累积引致资产负债错配期限错配	中 贷款价值比、负债收入比、存贷比以及信贷规模上限等对货币政策信贷传导具有明显影响
资产组合	资产价格风险溢价价格波动性	甄别失策放大机制（如以市定价）政策滞后	杠杆操作交易过度利率不敏感资产抛售与下跌螺旋	强 资产类别限制、风险资产定价、流动性及期限、融资融券、短期融资等管理将对资产价格及组合效应产生直接显著的影响
风险承担	利率风险定价信用利差	利率过低过久量化宽松过度	追求收益率依赖货币市场杠杆操作流动性悖论	强 信用、流动性和资本三类工具对金融机构风险承担将产生直接且显著的影响
汇率渠道	汇率资本流动	固化政策框架外溢效应失察	汇率崩溃资本逃逸货币独立性丧失货币危机	中 外汇风险头寸、币种结构、期限结构的管理以及短期资本流动的逆周期管理对稳定汇率和资本流动有效

资料来源：Bernanke 和 Gertler（2001）、Borio 和 Zhu（2008）、BIS（2011）、Cardia 等（2013）。

（三）宏观审慎利于缓释货币政策风险溢出效应

在金融稳定层面，宏观审慎可以部分应对货币政策的风险内生问题，并提供了货币政策较好的互补机制（BIS，2011；Adrian 等，2013），有利于降低货币政策风险溢出的水平，并在一定程度上可以治理货币政策的溢出风险。例如，货币政策长期的利率可能使信贷风险定价偏低以及高风险信贷持续累积，最后引致资产负债错配，宏观审慎政策中的贷款价值比、负债收入比、存贷比以及信贷规模上限等对货币政策信贷传导具有显著的抑制作用，可以缓释银行机构资产负债错配风险。再如，宏观审慎要求的资本金充足率、杠杆率水平，将有效地缓释货币政策传导中风险承担渠道、资产组合渠道等的风险溢出。

对于新兴经济体而言，由于体制机制的不完善，货币政策在应对汇率稳定上具有较大的被动性（Krugman，1999），部分新兴经济体难以通过货币政策工具（如大幅提高利率、实行浮动汇率制度）来缓释内外失衡的冲击以及引致资本逃逸，而宏观审慎政策中的外汇风险头寸、币种结构、期限结构的管理以及短期资本流动的逆周期管理对稳定汇率和资本流动可能更加有效（Cerutti 等，2017）。这里以阿根廷为例，为了缓释资本自由流动、汇率稳定和货币政策主权的"不可能三角"难题，2015 年 12 月阿根廷实施了自由浮动汇率制度，并逐步提高政策利率。2018 年以来，阿根廷经济更加疲弱同时在美元相对走强过程中，阿根廷比索在前期大幅贬值的基础上又在 1 ~ 4 月迅速贬值约 20%，同时资本继续流出。5 月初阿根廷比索兑美元继续大幅贬值，阿根廷在 8 天中三度提高基准利率，从 27.25% 提高到 40%，但是，这仍然无法抑制阿根廷比索继续贬值约 20%。[①] 阿根廷再度爆发货币危机。2018 年 6 月 7 日，阿根廷政府和国际货币基金组织（IMF）达成一项三年期的备用贷款协议（SBA）融资协议，总额为 500 亿美元。阿根廷的经验表明，利率提升在发生货币危机时可能是低效的，难以保持汇率稳定和保障金融安全。2015 年下半年以来，尤其是 2016 年底至 2017 年初，中国同样面临较大的汇率贬值和资本流出压力，但是，中国人民银行采用逆周期资本流动管理并出台人民币汇率逆周期因子等政策（肖立晟、张

---

① 资料来源：https://www.bloomberg.com/quote/ARSUSD：CUR。

潇，2017），缓释了恐慌的市场预期，成功稳定了人民币兑美元双边汇率，缓释了资本流出的巨大压力。

五　宏观审慎政策与央行政策职能拓展

当金融稳定被纳入货币政策的目标体系之中，货币政策就面临多重均衡难题和丁伯根法则的约束，亟待政策拓展来缓释目标多重均衡矛盾。在货币政策上，中央银行已经面临物价稳定和经济产出的权衡，杰克逊霍尔共识和通胀目标制盛行一定程度上强化了货币政策的物价稳定职能，从而弱化了通胀目标和产出最优的权衡关系。如果将金融稳定纳入货币政策的体系之中，那么中央银行面临物价稳定、均衡产出和金融稳定的多重均衡。一个货币政策难以同时实现三个目标，金融稳定的任务应该让渡于货币政策之外的政策选择（Stein，2012）。

从目前的体制、政策和工具安排上，宏观审慎政策是金融稳定最为现实的核心支撑。货币政策、宏观审慎和微观监管应该成为广义金融稳定的三个支柱（Mester，2016），货币政策负责物价稳定，宏观审慎负责金融稳定尤其是系统性风险防范，微观监管主要保障金融机构稳健性，这样可以满足应运用 N 种独立的工具进行配合来实现 N 个独立的政策目标的丁伯根规则，缓释多重目标与政策工具关联对丁伯根法则的偏离。值得注意的是，货币政策和宏观审慎政策不是独立及线性的变量，在应对金融风险中不是 0 和 1 的关系，二者协调更加有利于实现物价稳定和金融稳定的目标（Galati 和 Moessner，2011）。

第四节　物价稳定与金融稳定的机制改进

在双支柱政策框架目标权衡中，货币政策独木难支，无法完成金融稳定尤其是系统性风险的应对任务，亟待宏观审慎政策作为金融稳定目标的主导政策。一个更为现实的治理问题是，由谁来承担宏观审慎政策的领导职能。这涉及金融管理当局的主体安排、职能界定、法定目标、内部治理等问题，核心是发挥中央银行物价稳定目标与金融稳定目标、法定职能与市场职能、纳什均衡与合作均衡以及多主体框架下的"链接"功能。

一 货币政策职能与中央银行职能

（一）央行职能具有较广泛的范畴

在诸多货币政策与宏观审慎政策的关系讨论中，一个容易被忽视的问题是货币政策职能与中央银行职能的界定。有一些讨论似乎将货币政策职能与中央银行职能相互等同，这在严格通胀目标制下可能更为明显，但是，这实际上是没有足够重视中央银行的设立初衷尤其是最后贷款人的职能，即中央银行具有金融稳定的"天然"职能。

杰克逊霍尔共识和通胀目标制度在学术与政策领域的主导性，使货币政策、利率、通胀稳定建立起了超乎寻常的内在关联性，但是，这并不代表货币政策是中央银行的全部职能。虽然货币政策长期锚定物价稳定是必要的，但由此忽略金融稳定风险及中央银行的相关职能是不恰当的（Woodford，2012）。中央银行对金融稳定的反应需要看其影响物价和产出的程度，中央银行并不必然要对金融市场体系的潮起潮落进行应对，但是，金融稳定的政策关注不仅体现在金融机构和市场上，更重要的是体现在职能安排上（Tucker，2015；Mester，2016；李波，2018）。

（二）职能定位是治理结构的关键

在金融稳定体系的治理框架中，金融稳定体系的目标是保持金融体系的弹性和稳健性，这其中包括三个方面的要求：一是对金融危机的应对韧性，能够有效应对系统性风险的冲击；二是金融体系吸收损失及冲击的能力，具有防范风险累积及放大的机制；三是支付清算、资金融通以及促进经济产出的功能不能受到破坏。为了实现金融体系的稳健性，金融稳定体系一般由四个要素来组成一个基础的治理框架，这可能是货币政策难以单独承担的。一是金融体系每个部分的金融弹性需要最低审慎标准相匹配。二是针对金融机构、结构、市场和设施的微观有效监管。三是动态有效的宏观审慎政策。四是金融危机管理的工具与政策。这个体系的要素及其融合机制可能需要包括货币政策在内的多个政策组合、相关的治理制度安排以及机构职能完善来实现，这其中必然包括了中央银行（Mester，2016）。

中央银行承担更大的金融稳定职能成为学术界和政策界较为广泛的共识，但是，核心问题是央行职能的再定位。系统性风险应对和金融稳定目标的实现需要三个核心要件（RBA，2017；ESRB，2011；Nier等，2011）：一是系统性风险的甄别、分析与监测；二是宏观审慎政策的全面、及时与有效；三是系统性风险应对的制度安排，尤其是大部分经济体存在多个监管主体的情况下。中央银行具有金融基础设施的直接管理权和信息优势，能够为系统性风险的甄别、分析与监测提供实质性支撑，同时，中央银行是系统性风险应对中的天然主体之一，金融稳定的制度安排无法将中央银行剔除而独立行事。但是，如何发挥央行在金融稳定中的作用，职能设计和相关的治理结构安排是极其重要的。

（三）重点发挥央行政策链接功能

在系统性风险应对和金融稳定目标的实现中，中央银行最为基础的功能是宏观审慎政策和货币政策的链接功能（RBA，2017）。金融危机之后，央行金融稳定职能与货币政策职能被相互"独立"或"统一"起来，但是，中央银行特殊的最后贷款人角色和相对的政策独立性，使其在机制及组织设计上可有效地将货币政策与金融稳定及相关的宏观审慎政策关联起来（Smaga，2013）。金融稳定职能涉及货币、宏观审慎、微观监管以及其他相关的政策。中央银行的金融稳定职能因制度安排大相径庭，中央银行可以扩大其在金融稳定中的链接职能，金融危机之后，美联储、欧洲中央银行和英格兰银行亦是如此行事的。

二　法定职能与市场职能

在考虑中央银行在金融稳定中的职能时，立法的视角是一个重要的参考。立法中对金融管理机构的法定职能一般是以目标性职能出现的，即要求该机构实现何种目标。对于市场职能或工具性职能，有的立法会明确指出，但是，有的立法则没有明确规定。相对而言，目标性职能是监管机构的法定职能，在目标选择上要强于市场职能或工具性职能。中央银行在统筹两个相对独立的政策时需要考虑到目标性职能和工具性职能的区别与关联，如利率工具性职能实现物价稳定职能的同时可能导致金融稳定职能的偏离。货币政策的法定职责是实现物价稳定目标，但是，货币政策仍具有潜在的金融稳定的市场职责，二者可能存在权衡与博弈。

在法律层面，监管机构的法定职能一般都以立法作为依据，这对于金融稳定和宏观审慎政策的制度安排极其关键。例如，《瑞典国家银行法》明确指出其"目标在于维持物价稳定"（Svensson, 2017），《日本银行法》规定日本银行首要任务是"货币发行和实施通货金融调节（currency and monetary control）"，而"通货金融调节"的目标是"实现物价稳定"。为此，瑞典中央银行不承担宏观审慎职能，而由微观监管主体——瑞典金融监管局承担宏观审慎职能。日本宏观审慎政策的法定主体不是日本银行而是日本金融厅。《美国联邦储备法》对货币政策目标的规定是有效实现最大就业、物价稳定和长期利率稳健。《英格兰银行法》要求英格兰银行首先实现金融体系稳定性的目标，但对货币政策委员会和金融稳定委员会设置物价稳定与金融稳定的首要目标，两个委员会的第二个目标均是经济增长。

相应的是，如果金融稳定在立法层面具有目标性职能的定位，那么宏观审慎制度安排亦更加容易与法律相匹配。例如，《葡萄牙中央银行组织法》则是明确"履行维护国家金融体系稳定的职责"，葡萄牙央行就成为葡萄牙的宏观审慎政策主体，发挥欧洲系统性风险委员会要求的"领导职能"。《中国人民银行法》第二条明确中国人民银行目标性职能是"维护金融稳定"，而"制定和执行货币政策"以"保持币值稳定"反而是工具性职能（常健，2015）。从这个逻辑来看，央行承担货币政策和宏观审慎政策"双支柱"调控功能具有法律的基础。

三　纳什博弈与合作博弈

（一）内在关联性是合作博弈的基础

宏观审慎政策是单独实施还是统筹实施在涉及多目标的同时，在制度安排上涉及的是多主体的博弈，需要考虑纳什博弈还是合作博弈。纳什均衡是两套独立的政策系统进行的博弈，货币政策和宏观审慎政策相互之间不依赖对方的政策选择；合作均衡是货币政策和宏观审慎政策有各自独立的目标，但是目标实施过程中互为条件、相互影响和合作决策。

货币政策作为总量政策将影响利率、产出、就业、盈利、信用规模和资产价格等，对于金融机构和市场亦将产生影响。而宏观审慎政策影响金融机构与金融市场，对信用利差、借贷均衡、期限结构、风险分布等产生直接影响，同时也会间接影响物价稳定和均衡产出。从博弈的角度来看，这两个政策框架虽有各自的目标、机制和工具，但是，二者本质上是相互交织在一起的，这为合作博弈提供了内在的机制。

（二）目标权衡性是纳什博弈的支撑

货币政策和宏观审慎政策的目标差异性与系统影响力同样为纳什均衡提供了支撑。货币政策对于物价稳定和产出水平具有更加显著且系统性的影响，但是对于金融稳定的系统性影响较小。宏观审慎政策对于金融问题具有显著且系统性的影响，对于物价稳定和产出水平的系统性影响较小。这意味着货币政策一般可以中立于金融稳定政策及其潜在影响，宏观审慎政策同样可以相对中立于货币政策对金融稳定的影响。

（三）纳什博弈是恰当的实践选择

如果货币政策和宏观审慎政策分别由各自的政策主体来承担，理想的状态当然是合作均衡，各个主体实现有效的政策沟通、协调与融合。但是，合作博弈在实践操作中往往难以实现。一是由于行政部门相对独立的现实，政策协调往往容易被"善意地"忽视（Blanchard 等，2010；Svensson，2017）。二是合作博弈可能造成货币政策目标的偏离，合作博弈相当于把金融稳定作为货币政策的决定因子之一，逆风而动的政策逻辑不仅可能无法实现金融稳定目标（Sveriges Riksbank，2013），反而可能导致利率等政策混乱并对物价稳定造成冲击。

相对应的是，纳什博弈可能是现有条件下最恰当的政策选择。实施纳什均衡可以体现目标独立、工具独立、容易区分、透明度高且易于评估等优势，这使政策决策主体更容易达到政策目标以及构建政策独立性，这对于货币政策实现通胀目标是较好的机制保证（Tucker，2015）。当然，实施纳什均衡的政策体系同样需要解决政策协调问题，这里有两个重要的机制选择。一是在多政策主体的体系中成立金融稳定协调机制，如金融稳定委员会之类，这有助于构建两个政策相互独立但又有效统筹的治理结构。澳大利亚央行和 IMF（RBA，2017）一项针对 58 个经济体的研究发现，41 个经济体具有金融稳定委员会或相关机制安排，致力于宏观审慎政策的强化、金融稳定目标的实现以及相关的政策协调。二是将政策协调内部化，由单一主体承担货币政策与宏观审慎政策两个职能，一般是中央银行承担"双支柱"职能。因此，货币政策与宏观审慎政策的利益权衡是采用纳什均衡还是合作均衡，主要取决于金融稳定机制的治理结构和制度安排，尤其是中央银行的职能，这就是金融稳定机制的单一主体和多元主体的制度安排问题。

四　单一主体与多元主体

（一）金融稳定涉及多主体关系

宏观审慎政策作为应对系统性风险、保障金融稳定的主导政策框架，其在发挥作用的过程中需要统筹与货币政策的关系，同时，还需要协调与微观监管的关系。金融稳定政策体系以宏观审慎政策为主导，但与货币政策、微观监管相关联。由于宏观审慎政策是 2009 年 G20 领导人峰会重点强调而被国际社会应用实施的，而货币政策和微观监管在此前已运行较长时间，金融稳定制度安排就涉及是单一主体还是多元主体的安排，这不仅涉及前文提及的货币政策与宏观审慎的政策主体安排问题，还涉及货币政策、宏观审慎、微观监管"三个支柱"的选择问题。

宏观审慎政策主体可以是单一主体承担，也可以由多个政策主体承担。与合作均衡和纳什均衡的逻辑相似，单一主体似乎逻辑上更完美。如果一个主体控制了所有的宏观审慎工具，一个主体实施政策对于政策效率和公信力都是有帮助的；而将宏观审慎政策工具分散于多个主体，将会带来政策实施的同步性、同向性以及同力度等协调问题。宏观审慎政策的协调需要考虑内在关联性，规制视角在不同监管者主体下是不一致的，最后的结果可能不是对于金融体系或经济体系最优的政策组合，而是对监管机构而言的最小公约数。这些公约数对各自政策框架有利或无害，但对于系统性风险的应对可能是不足的（Bodenstein，2014）。

（二）央行机构定位是争论焦点

央行在金融稳定中的职能及制度安排是单一主体和多元主体争论中的一个焦点。Masciandaro 和 Volpicell（2016）研究了 31 个国家央行在宏观审慎政策中的作用并认为各个经济体可根据自身状况和国际经验界定央行在金融稳定中的职能。首先，央行较大程度上具有对银行或硬或软的微观监管权，逻辑上具有强化金融稳定职能的政策基础和政策倾向。其次，如果央行具有较小的政治独立性，央行倾向于具有更大的宏观审慎权力；但是，具有较强独立性的央行对于宏观审慎权力持有截然相反的观点，如欧元区（ESRB，2011）和美联储（Yellen，2014）。最后，如果具有更加明确的法定职能，央行倾向于寻求获得更大的宏观审慎权力。宏观审慎政策受中央政府的政治影响相对较大，中央银行希望通过明确的法定职能来保障其有效履职的同时尽量避免对物价稳定目标造成冲击。

从实践上来看，各个经济体的选择存在差异。欧洲系统性风险委员会（ESRB，2011）在要求成员国明确宏观审慎政策主体的时候，并没有明确是由哪个主体来具体承担，而交由成员国自行决定。单一主体承担宏观审慎政策职能分为两个模式。一是由微观监管机构承担宏观审慎职能。由于宏观审慎主要涉及金融机构和金融市场，部分经济体认为其与微观监管的内在关联更加密切，应由微观监管机构来承担宏观审慎职能。代表国家有瑞典、芬兰等。值得注意的是，这类国家大都是实行统一监管体系。二是由中央银行承担法定宏观审慎政策核心主体或唯一主体，典型的经济体有阿根廷、比利时、匈牙利、泰国、捷克等，这些国家央行是宏观审慎政策的法定单一主体。单一主体承担宏观审慎职能的政策实践还有一类更加统一化的代表，即新加坡、爱尔兰等，中央银行同时还是微观监管主体以及宏观审慎主体。值得注意的是，实行宏观审慎政策单一主体的国家基本是中小型经济体。

（三）多主体更具实践普遍性

多主体在政策实践中具有更大的普遍性，一般由多个政策主体承担宏观审慎政策职能。澳大利亚央行和 IMF（RBA，2017）一项针对 58 个经济体的研究发现，其中 43 个经济体的宏观审慎政策是由多个主体来承担的。美国宏观审慎政策法定主体是系统性风险监察委员会，同时，财政部、美联储、联邦存款保险公司等都承担了重要的宏观审慎政策功能。澳大利亚的宏观审慎主体主要由澳大利亚审慎监管承担，澳大利亚储备银行、澳大利亚行为管理局亦是金融稳定中的重要主体。加拿大宏观审慎职能主要由加拿大金融监察办公室承担，加拿大银行提供信息支撑和政策协调等金融稳定职能。

（四）"双支柱"是重要的政策实践

多主体政策实践中存在一类重要的制度安排，由中央银行在承担货币政策职能的同时承担主要宏观审慎职能，这实际上就是中央银行承担了货币政策和宏观审慎政策"双支柱"职能。"双支柱"政策体系成为金融稳定机制的重要政策选择，但是，为了保障"双支柱"物价稳定和金融稳定两个目标的实现，中央银行仍然完全避免多目标的权衡，仍然需要在内部进行合作博弈或是纳什博弈的权衡。

中央银行承担金融稳定职能，并不代表货币政策需要承担金融稳定职能或金融稳定要成为货币政策的决策因子，中央银行可以通过纳什均衡方式各自运作宏观审慎政策和货币政策"双支柱"框架实现二者的有效融合与统筹（Ito，2010；Kohn，2015），以缓释物价稳定与金融稳定之间及其与经济产出最优化等多重权衡，以实现金融稳定和物价稳定的双重目标。但是，对于实施通胀目标制的经济体，"双支柱"框架对于物价稳定的挑战更加直接，将通胀目标制转变为弹性通胀目标制亦是政策选择之一（Ito，2010）。"双支柱"政策体系在"杰克逊霍尔共识"的回归中成为一个重要的学术议题和政策实践，目前，英国、欧元区、比利时、匈牙利、中国、泰国等都实施了"双支柱"政策框架。

第五节　构建双支柱调控框架

过去 30 多年来，物价稳定与金融稳定政策目标的关系及相关制度安排是国际货币金融体系中的一个重大问题。以物价稳定职能与金融稳定职能相分离为支撑的杰克逊霍尔共识在全球金融危机爆发及其前后过程中经历了盛行、反思和回归的趋势，与其相关的是西方发达经济体诸如货币政策、财政政策以及金融稳定政策等的制度安排及其潜在的制度弊端。杰克逊霍尔共识的回归不是货币政策与金融稳定政策的简单再分离，本质上涉及的是金融稳定机制及宏观审慎政策的制度安排或治理体系。

从货币政策自身的目标权衡、职能发挥和工具储备出发，货币政策不是金融稳定的主导性政策，应该通过政策框架拓展建立货币政策与宏观审慎政策相对独立的政策体系。首先，将金融稳定纳入货币政策目标体系之后，货币政策将面临多目标的权衡和丁伯根法则的约束，尤其对于通胀目标制将带来潜在的目标偏离。其次，货币政策不具有金融稳定所要求的逆风而动的政策逻辑，难以有效应对资产泡沫，更难逆风而动应对所有的金融风险问题。再次，货币政策针对系统性风险缺乏充分的政策工具储备，尤其是无法应对空间维度的系统性风险防控。最后，货币政策自身是金融风险的内生因素，货币政策传导机制的异化将会导致显著的风险溢出。

相对应的是，金融稳定目标的实现需要进行相应的政策拓展，宏观审慎政策作为金融稳定的主导政策相对更加合理。基于政策职能拓展，宏观审慎政策可缓释货币政策多目标的权衡压力；作为结构性政策工具，宏观审慎政策具有一定的逆风而动功能以及更加具有针对性的风险空间传染应对能力；宏观审慎政策可缓释货币政策风险内生及传导异化中的风险溢出，与货币政策具有显著的互补性。

在金融稳定制度安排上，央行的职能定位是一个核心问题，基于央行职能的拓展和多政策"链接"功能，可构建与货币政策和宏观审慎政策相对分离的双支柱调控框架。

第一，区分货币政策职能与中央银行职能是讨论货币政策与宏观审慎政策关系的一个基本前提。央行职能具有较为广泛的范畴，央行承担金融稳定职能不代表是货币政策来承担金融稳定职能，央行在金融稳定中的核心是各种政策的链接功能。

第二，在金融稳定治理安排中区别金融管理机构的法定职能和市场职能是重要的任务，这有助于发挥中央银行等机构的政策独立性和政策弹性。

第三，货币政策与宏观审慎政策的制度安排不能粗暴割裂，二者具有合作博弈和纳什博弈的双重基础，但从实践角度出发，相对分离的纳什博弈可能是更好的现实选择。

第四，中央银行在金融稳定治理框架中的作用是基础性的，其职能大小是一个焦点问题。从实践上看，金融安全涉及多个政策主体，多主体的治理安排在全球具有普遍性，但绝大部分央行都牵涉其中，货币政策与金融稳定政策相融合的双支柱框架是一种重要的政策实践。

在双支柱框架中，中央银行在金融稳定和货币政策中需要重点发挥链接功能，将物价稳定目标和金融稳定目标、央行法定职能与央行市场职能、双支柱政策的纳什博弈与合作博弈、中央银行政策与其他金融稳定主体政策有效链接，降低多目标矛盾性，提升政策内在融合度，以构建有效应对系统性风险的金融稳定机制。

第六节 强化财政货币政策协同

一 财政货币政策协同的必要性

在 2019 年 2 月中央政治局第十三次集体学习时,习近平总书记强调要注重在稳增长的基础上防风险,强化财政政策、货币政策的逆周期调节作用,确保经济运行在合理区间,推动经济实现高质量发展。在 2019 年的政府工作报告中,李克强总理指出要正确把握宏观政策取向,继续实施积极的财政政策和稳健的货币政策,实施就业优先政策,加强政策协调配合,确保经济运行在合理区间,促进经济社会持续健康发展。可以说,高质量发展已经成为未来我国经济社会发展最重要的目标。

逆周期的宏观经济政策是稳增长的基础保障。当前及未来一段时间,中美贸易摩擦风险犹存,英国脱欧及其影响不确定性增加,全球经济增长和国际贸易形势仍面临较多变数。国内经济结构问题突出,产能过剩、房地产泡沫、地方债务等风险应对压力仍然较大。私人部门企业资本形成面临多重约束,制造业投资持续放缓。居民部门杠杆率过快上涨,消费接棒效应有待观察。从总需求角度来看,应灵活运用财政、货币金融等宏观调控工具,有效发挥逆周期调节作用,为稳就业、稳金融、稳外贸、稳外资、稳投资、稳预期创造有利条件。同时,从总供给角度来看,必须深化实体经济供给侧结构性改革,深化经济重点领域改革,健全经济体制机制以更好地匹配供需关系,加快经济结构优化,促进经济向高质量发展转型。

(一) 稳增长任务面临多重压力

综合分析国内外形势,我国发展面临的环境更复杂更严峻,可以预料和难以预料的风险挑战更多更大,要做好打硬仗的充分准备。目前,中国经济增长"三驾马车"均存在显著的不确定性甚至风险。

1. 出口增长受制于外部复杂环境

中美贸易摩擦仍然存在诸多不确定性,可能对出口及经济增长造成显著压力。一是在协议执行过程中依然面临较多变数。如果美方认定中方未及时、充分履行承诺，或认为履行承诺反而损害了其利益，那么贸易摩擦难免会再度反弹。二是美国诉求得逞引起其他国家特别是欧盟效仿，纷纷筹划、统一对华战略。三是美国除了动用301国内法范围制裁措施，还在WTO改革上动作频频，先后提交两份提案建议对未尽义务成员进行惩罚、取消中国发展中国家地位，通过修改多边规则限制中国。更加值得注意的是，中美贸易、金融及其他摩擦可能逐步演化为中国经济增长的中长期约束力量。

英国脱欧及欧盟经济增长不确定使我国出口形势面临更多的压力。英国脱欧不确定性导致的英国政治、经济、社会和对外政策的一系列变化逐步酝酿、积累，同时，欧盟和欧元区未来的发展亦面临诸多的挑战，这使欧盟经济稳定性面临实质性冲击。作为中国最大的贸易伙伴，欧盟经济复苏的态势以及欧元区的稳定性都是中国贸易、金融稳定的重要外部影响因素。

2. 固定资产投资下滑压力仍较为显著

固定资产投资增速整体仍较为疲软，制造业投资继续下滑。2018年固定资产投资面临全球金融危机以来的历史性低速增长态势，基础设施呈现"投资悬崖"，2019年全年固定资产投资仅增长5.4%，增速比2018年回落0.5个百分点。固定资产投资对经济增长的拉动作用明显弱化，甚至成为经济增长的负向力量。尤其是基础设施投资大幅降速本质是与金融去杠杆政策和地方政府债务管理政策直接相关的，考验地方经济增长模式，并给全国经济增长带来显著冲击。固定资产投资整体仍然相对疲弱，同时结构性问题仍然显著，工业投资同比增长4.3%，增速比2018年全年回落2.2个百分点，其中制造业投资增长3.1%，增速回落6.4个百分点，而房地产投资同比增长9.9%，增速比2018年全年提高0.4个百分点。

3. 消费仍较难对冲投资疲软的冲击

如果消费能够有效对冲固定资产投资相对疲弱的冲击，那么经济结构就将从投资驱动向消费驱动转型，经济结构进一步优化。但是，消费呈现动力不足的状况。2019 年社会消费品零售总额增长 8%，比上年放缓了 1 个百分点，大致处于消费的相对低点。短期来看，汽车消费受购置税优惠措施退出及其前期透支效应影响较大。中长期看，居民杠杆率快速上升使居民消费受到一定的抑制。

（二）总需求管理仍是重要的政策选择

1. 供给侧改革与总需求管理相匹配

我国把推进供给侧结构性改革作为经济工作的主线，我国经济发展进入新时代，我国经济已由高速增长阶段转向高质量发展阶段。经济实力再上新台阶，成为世界经济增长的主要动力源和稳定器，供给侧结构性改革发挥了极为重要的作用。未来供给侧结构性改革仍将继续发挥经济工作的"主线"功能，统筹推进稳增长、促改革、调结构、惠民生、防风险各项工作，大力推进改革开放，创新和完善宏观调控，推动质量变革、效率变革、动力变革。

供给与需求是一个动态的平衡，发挥供给侧结构性改革的主线功能的同时，需要兼顾总需求管理以及需求的基础功能。大萧条以来，基于凯恩斯主义的需求管理一直成为全球诸多经济体宏观政策的基石。东亚金融危机后，我国长期实行的是需求管理，尤其是发挥宏观政策功能来提升总需求甚至采取政府直接购买的方式来稳定或提振经济增长。在凯恩斯主义的逻辑中，政策的核心主张是国家要采用扩张性的经济政策，特别是财政和货币政策，通过增加总需求来促进经济增长，即扩大政府开支，实行财政赤字，刺激经济，维持繁荣。

2. 总需求管理仍是基础性政策

总需求管理是保持经济平稳增长的基础性政策选择。全球金融危机之后，以四万亿元刺激计划为代表，演绎了我国史无前例的需求管理进程，使我国经济迅速恢复并引领全球经济增长。但是，2012 年以来，我国需求管理政策的负效应日益显著，宏观经济整体上面临一个前期政策的消化期，需求管理的边际作用在日益弱化，这使经济政策逐步转向供给侧结构性改革相关的政策。

值得注意的是，反观过去中国对经济下行、金融风险和外部冲击的应对经验，需求管理的基础性作用仍然不能忽视，我国整体实施的仍然是扩张性的宏观经济政策，只是在一定阶段内、在特定领域内实施阶段性和结构性的相对紧缩的政策，如 2017～2018 年的金融去杠杆政策。未来，为了将经济增长保持在合理区间，为了实现全面建成小康社会的目标，实施稳健宏观经济政策、合理应用总需求管理仍然是基础性的政策选择。

3. 财政政策与货币政策"双管齐下"

在总需求管理中，货币政策和财政政策是极其关键、相互补充的两个支柱，需要"双管齐下"、统筹实施。在经济过热阶段，货币政策和财政政策均需要给经济"泼冷水"，防止出现持续性经济过热和严重通货膨胀；在经济相对低迷时，货币政策和财政政策需要给经济"加加油"，并发挥各自在总量性和结构性优势中的能动性。相比较而言，货币政策更多的是一个总量性政策，把控着一个经济体平稳运行尤其是物价稳定、金融稳定的"总闸门"；财政政策的总量性属性和结构性属性更加均衡，其政策能动性、针对性和结构性更加凸显。

为此，面对复杂的国内外经济形势，应该灵活运用财政、货币金融等宏观调控工具，有效发挥逆周期调节作用，将经济增长保持在合理区间。实施具有针对性的总需求管理，是保障经济体系平稳运行的基础。在逆周期政策的实施过程中，需要处理好三个关系。一是总需求管理应与供给侧管理相互匹配，共同发力。二是注重总量性政策与结构性政策的统筹，充分发挥货币政策的总量性调节功能，重点凸显财政政策的总量性和结构性兼备的能动性，特别注重宏观政策工具的适用性、精准度和针对性。三是要注重不同政策工具之间的协调性，做到同向发力，避免政策之间自相矛盾。

（三）充分发挥积极财政政策的逆周期调节功能

1. 财政政策功能再定位

在全球低利率环境下，在全球非常规量化宽松政策盛行的背景下，货币政策使其政策空间可能得到拓展，但是，这种流动性持续注入甚至以邻为壑的货币政策的副作用或潜在威胁可能是巨大的，对经济体自身高质量发展甚至可持续发展可能带来持续累积的风险，特别是杠杆率不断提升带来的系统性脆弱性。为了防止过度宽松及其潜在风险，在注重投入产出比和可持续问题的基础上，进一步发挥财政政策的逆周期性和能动性，对于像我国这样处于转型之中的经济体而言是适宜且必要的。在新形势下，需要对财政政策及其在政策体系中的地位职能进行再定位。

从功能上讲，财政政策要更加注重发挥应对经济下滑的逆周期管理及对冲功能。财政政策要更加积极有效，要适应经济平稳增长的现实需要，要适应推进供给侧结构性改革、降低企业税费负担、保障民生兜底的需要，要适应财政政策与货币政策统筹等方面的需要。从工具上讲，综合运用多种财政工具是提升财政政策水平的必要条件，但是，值得注意的是，最基础、最能引导预期的政策不是结构性减税，而是直接降低税率。结构性减税是"包子"政策，企业和居民难以迅速感知降税的获得感；直接降低税率是"披萨"政策，企业和居民能够立即直观感受降税效应，是扭转市场预期的最好方式。再如，财政政策与货币政策最重要的连接环节是国债市场，国债利率是所有金融产品定价的"锚"，因此，进一步完善国债市场、完善国债收益率曲线就成为一项非常基础性的工作。

2. 抓住重点凸显积极财政能动性

实施积极的财政政策，充分发挥财政政策的主动性、能动性和逆周期性，需要在以下四个方面进行重点突破。

第一，实施更大规模的减税政策，普惠性减税与结构性减税相结合，切实降低中小微企业的税费负担。尽快落实《政府工作报告》提出的减税举措，同时完善生产、生活性服务业抵扣配套措施。即深化增值税改革，确保主要行业税负明显降低；通过采取对生产、生活性服务业增加税收抵扣等配套措施，确保所有行业税负只减不增，继续向推进税制简化方向迈进。

第二，因地制宜下调社保名义费率，逐步缩小实际征缴费率与名义费率之间的鸿沟。对于历史欠账，应逐步过渡化解，避免集中清缴引发冲击。加快落实国有资本充实社保基金。做好减税降费效果的监测评估工作，持续跟踪分析各类经营主体在减税降费政策实施过程中受到的影响，及时优化政策操作细则，确保做到"真减负"。降税和减负是提升制造业经济主体功能、盘活市场活力的重要举措，是防止制造业投资进一步下滑的有力保障。

第三，重点突破，运用市场化融资，稳定基础设施建设资金来源及投资增速。2019年固定资产投资（不含农户）仅增长5.4%，其中基础设施投资（不含电力等）同比仅增长3.8%，增速与2018年持平，这是固定资产投资下降和经济增长下滑的重要根源。加快理顺各级各类基础设施建设项目的投融资机制，既要保障合理基建项目的资金来源，又要避免地方政府隐性债务过快攀升，通过市场化融资机制来强化市场纪律对地方财政的硬约束，通过地方政府一般债券、专项债券、城投债等方式来满足地方政府合理融资规模，夯实基础设施建设的资金基础。基础设施投资的盘活是固定资产投资企稳的基础，必须通过市场化和市场硬约束来提升基础设施项目的商业可持续性。

第四，财政政策应该发挥补短板、保民生和真扶贫等兜底功能。一是强化财政政策补短板功能，利用财政资源在养老、医疗、公共卫生、教育、托幼、家政等服务领域进一步扩容、提质、增效，有效缓释相关领域的"短板效应"。二是利用财政杠杆，充分发挥保障房、共有产权房和租赁房在满足刚需群体基本居住需求方面的积极作用，探索推进"商办改住宅"和利用农村集体经营性建设用地建设保障房的积极尝试，重点保障贫困人群的住房需求。三是发挥财政政策在结构性和区域性上的能动性，重点推进精准扶贫工作，强化经济薄弱地区或社区的基础设施配套、集体经济培育、乡村旅游开发以及帮扶户的产业扶持工作。

3. 提高财政支出政策精准度

财政政策更加积极有效，其中"有效"的落脚点必然是在支出端，这就需要进一步提高财政支出政策的精准度。

首先，加大对创新发展的支持力度。创新发展位列五大发展理念之首，是我国发展的短板，必须得到重视。从 2019 年我国一般公共预算重点支出规模和增速排序来看，文化体育与传媒支出的规模和增速均处于末位，科学技术支出虽然增长较快但规模列倒数第二位，这两项与创新发展关系密切的支出处于弱势地位，不足以支撑创新驱动发展战略。在财政运行呈现若干结构性特征、财政资源相对不足的前提下，可着力从"四新"——新技术、新产业、新业态、新模式入手加大支出力度，形成新动力推动经济增长①。

其次，将财政资金统筹和盘活进一步落到实处。2017 年是国务院《关于印发推进财政资金统筹使用方案的通知》中规定"除国务院批准的个别事项外，三年内逐步调整转列一般公共预算并统筹使用……三年内逐步取消一般公共预算中以收定支的规定"的时间表的第二年，需要把握节奏强化落实，将存量资金使用与年度预算安排统筹考虑，连续两年未用完的结转资金，一律收回统筹使用并加强绩效管理。

最后，提高 PPP 民营社会资本参与率。我国 PPP 发展到现阶段遭遇的一个难题是民营社会资本参与率较低，截至 2018 年第二季度，PPP 国家示范项目的民营社会资本参与率仅为 39.4%②，与目标期望相差甚远。解决这一问题的根本，除了取消对民营社会资本设置的差别和歧视性条款外，更重要的是解决资金规模大和资金流动性低的问题。因为民营社会资本更倾向于投资规模小、时间短、收益快的投资项目，与 PPP 的特点不符，要提高民营社会资本的参与率，就需要采取措施将两者相匹配，当前最可行的是推进 PPP 项目资产证券化。一是对能产生稳定现金流的 PPP 项目，鼓励先行先试；二是对准公益性和公益性 PPP 项目，鼓励开展大型、一体化的 PPP 项目，形成跨领域的收益项目，为

---

① 闫坤、于树一：《发挥财政政策功能支持新动力形成》，《经济参考报》2016 年 10 月 31 日。
② 财政部政府和社会资本合作中心：《全国 PPP 综合信息平台项目管理库第 11 期季报》2018 年 8 月 1 日。

打包项目资产做支撑①。

4. 破除积极财政政策逆周期调节的瓶颈

近年来，我国"四本预算"普遍存在超收情况，与此同时，部分支出存在未完成预算的情况（主要体现在中央层面）。

第一，扭转财政实际运行与积极财政政策思路的偏差。上述超收减支情况与减收增支的积极财政政策取向相悖，相对于既定的宏观调控目标有一定的"逆调节"效果。需把握目前预算超收幅度不大且支出规模仍在扩张的时机，严格执行预算，从根本上纠正"逆调节"。

第二，防止地方财政通过预算执行渠道缓释积极财政政策压力。有数据显示，地方财政预算超收和超支的情况同时出现且超预算的幅度较大，说明客观的经济形势和主观的积极财政政策对地方财政压力较大，在通过政府性基金预算和国有资本经营预算进行部分缓释，这样做能够加大地方财政风险，不利于地方财政可持续发展，需要给予纠正。

5. 打造与国家治理现代化相适应的现代财政制度

为了保证积极财政政策目标能够充分实现，还需要体制层面的保障，即要加快推进中央与地方事权和支出责任划分、税收体制、预算管理体制、国有企业、社会保障制度等方面的改革，在保障财政政策更加积极有效的同时，也向建立现代财政制度的改革目标迈进一步。当前亟待推进如下制度建设。

第一，着力理顺中央与地方财政支出的关系。从中央支出来看，中央本级支出与中央转移支付规模相差悬殊。以2016年一般公共预算医疗卫生支出为例，中央本级支出仅占0.7%，而中央财政下达公立医院、基本药物制度、公共卫生服务、城乡医疗救助等补助资金以及计划生育、城乡居民医疗保险等转移支付约是中央本级支出的37倍。社会保障与就业支出也是如此，中央本级支出仅占4%，而中央财政下达基本养老金转移支付、自然灾害生活补助资金、优抚对象补助经费、退役

---

① 赵福军：《加快发展PPP项目资产证券化》，载刘尚希、王朝才等《以共治理念推进PPP立法》，中国财政经济出版社，2016，第285页。

安置补助经费、就业补助、困难群众基本生活救助补助等项支出约是中央本级支出的 9 倍。可见，基于事权与支出责任相适应的财政体制改革不能一步到位的现实，优化中央支出的结构、提高中央支出的精准度和效率、理顺中央与地方财政支出关系已然迫在眉睫。

第二，把握建立健全现代财政体制的时机。由于与全面推开营改增试点同步实施的还有调整中央与地方增值税收入划分过渡方案，可以营改增改革试点的成果为基础，进一步理顺中央与地方间财政关系，最终建立健全现代财政体制。在《国务院关于推进中央与地方财政事权和支出责任划分改革的指导意见》（国发〔2016〕49 号，以下简称《意见》）正式发布后，我国在调整政府间财政关系方面迈出了关键性的一步，现在正是深入推进财政体制改革的有利时机。

综上所述，无论是供给侧结构性改革，还是在经济新常态下稳定增长，都需要财政政策更加积极有效，但必须保证财政可持续性这一前提。唯有拓展积极财政政策的边界，去除各类风险隐患，才能让积极财政政策为供给侧结构性改革提供可靠的财政支撑。

二　财政货币政策协同的模式

在当前经济下行压力加大、经济结构调整任务艰巨、外部冲击增加、各种风险和不确定性上升的背景下，不仅要注重发挥财政政策、货币政策各自的作用，而且要更加注重发挥两大政策的协同效应。

自宏观经济学诞生之时起，财政政策与货币政策之间的组合方式与协同效应就一直是理论界和实务部门讨论的热点话题。从全球范围来看，世界经济危机的爆发及其深刻影响带来的重要警示之一就是经济运行中的许多波动无法单纯依靠单一宏观政策有效熨平。鉴于此，各国越来越明显、越来越强烈地展现出对经济政策组合、经济政策协同的高度重视。

虽然，财政政策与货币政策作为逆周期宏观调节的主要手段，多数情况下呈现协调配合的基本态势，但很显然，经济增长、通货膨胀以及其他宏观调控目标的不同，财政政策与货币政策的组合方式也会出现差异。例如，不同历史阶段、不同经济特征、不同经济形势下，应对经济过冷过热、调控通胀通缩、抵御外部冲击等，都有不同的财政货币政策组合方式。

新中国成立 70 余年历程中，经济实力不断增强，经济地位显著提升，经济影响日益扩大。作为宏观经济调控的主要政策手段，财政政策与货币政策发挥了至关重要的作用。当然，也不可否认，两大政策在许多"接合部"（如针对特定的宏观调控目标、国有金融资本管理、地方政府债务、外汇储备管理、国债市场、预算管理、商业银行不良贷款处置、政策性金融等方面）仍然存在不匹配、不协调的问题。这在一定程度上影响了两大政策的功能。

中国经济发展进入新时代，财政作为国家治理的基础和重要支柱，金融作为现代经济的核心和国家重要的核心竞争力，其地位和作用更加凸显。在这样一个新的时代，我国经济系统面临更加复杂的情况，财政政策和金融政策的组合与协调也面临更加多样的选择，两大政策的协同就需要有新思维，在新的协同点、新的协同部位、新的协同领域达成新的协同效应。特别是，立足于国家治理体系和治理能力现代化，立足于建设现代化经济体系，立足于经济高质量发展，立足于推进供给侧结构性改革，财政金融政策必须在调控宏观经济、支撑创新转型、满足经济社会发展和人民群众需要等方面获得新突破。

一是要构建经济高质量发展框架下的财政金融政策协同模式。财政金融政策要以稳定宏观经济运行为根本，扎实做好稳就业、稳金融、稳外贸、稳外资、稳投资、稳预期工作；同时，要注重把握和遵循经济社会发展规律，两大政策共同促进创新转型，财政政策在重大工程建设和重大技术攻关领域发挥带动作用，金融政策则发挥促进科技成果转化和激发科技创新动力方面的作用，财政金融政策在服务实体经济、助力中小微企业、脱贫攻坚、生态文明建设上齐心协力，共同履行职责使命。

二是要构筑宏观经济调控体系创新背景下的财政金融政策协同模

式。当前，财政金融政策正从简单的方向性指引转变为复杂的数量化调节。2019 年，预算赤字率为 2.8%，比上年预算高 0.2 个百分点；财政赤字 2.76 万亿元；稳健的货币政策要保持松紧适度，把好货币供给总闸门，不搞"大水漫灌"，保持广义货币 M2 和社会融资规模增速与国内生产总值名义增速相匹配。同时，财政金融政策要按照深化供给侧结构性改革的要求，进一步改革和完善财政体制、金融体制，为财政金融政策协同奠定坚实的制度基础；财政政策着力减税降费、补短板、调结构，金融政策要注重优化融资结构和信贷结构，加大对高质量发展的支持力度，提升金融体系与供给体系和需求体系的适配性。而且，财政金融政策要密切关注重点领域和关键环节，如在缓解中小企业融资难融资贵问题上，财政政策主要面向企业减税降费，同时发挥财政资金撬动社会投资的作用；金融政策则加大对中小银行定向降准力度，引导释放资金用于民营和小微企业贷款。两大政策从不同层面来化解经济发展中的难点和痛点。

三是要建立防范和化解重大风险格局下的财政金融政策协同模式。习近平总书记指出，防范化解重大风险，重点是防控金融风险，关键要处理好金融安全、金融发展、金融创新之间的关系，要加强对金融创新产品的监管，坚决守住不发生系统性金融风险的底线。具体而言，财政金融政策对地方政府债务规模过大、债务总量增长过快问题要给予足够的重视。既要用好地方债，同时又要通过建立地方债务需求扩张的约束机制有效防范化解地方债风险，包括明确政府债务的金融支持范围、坚持市场定价、扩大投资主体、做好专项债发行配套和使用管理工作、遏制任何形式的不合规政府借款等。除此之外，在处置房地产市场风险、商业银行不良资产风险等方面也需要财政金融政策协同发力。

三　财政货币政策协同的关键

更好地发挥财政政策的逆周期、总量性及结构性功能，是发挥宏观经济政策逆周期调整功能的关键，同时也是统筹货币政策与财政政策的核心支撑。没有积极有效的财政政策，没有财政政策与货币政策的有效统筹，经济平稳增长就难以保障。但是，财政与货币政策并非是政策的全部，需要在更高层次上进行统筹，以经济社会发展主要矛盾为核心，以经济高质量发展为目标，深化改革，综合施策。

我国经济社会正经历由高速增长阶段转向高质量发展阶段，抓住主要矛盾、解决发展问题是实现平稳过渡的关键所在，是实现人的全面发展、经济的高质量发展和社会的全面进步的保障。目前，我国社会面临人民日益增长的美好生活需要和不平衡、不充分的发展之间的矛盾，反映在经济运行中，就是供给侧结构性矛盾。在人口老龄化和资本投入约束大的情况下，即便实施非常宽松的财政政策和货币政策，也较难实现经济平稳高效增长，反映在经济发展模式上，创新和技术是全要素生产效率提升的关键。在经济保持长期高速发展后，如何匹配经济增长与上层建筑，反映在体制机制改革上，清晰界定政府与市场边界就成为资源配置的关键。

逆周期的财政与货币政策，更多的是一种经济波动的短期应对，本质上是以政策能动性来部分熨平经济周期波动，缓释经济金融体系过度波动带来的负面冲击。但是，经济高质量发展是一个长期问题，核心是要以创新来提升全要素增长效率，有效统筹总需求管理和供给侧结构性改革，深入融合市场决定性作用和政府引导性功能，重点推进经济体制机制的针对性改革。

在体制机制改革上，新时代背景下以收定支的财政政策框架是否需要进行反思与改革，上收的财权与下放的事权如何形成有效匹配，地方政府隐性债务如何统计、化解和应对并强化预算硬约束，具有基础定价功能的国债市场建设及相关的国债收益率曲线形成是否能够加速推进，等等，都是未来亟待解决的现实体制问题。还有，财政政策与货币政策关联的核心环节与基础机制是什么，财政部的资产负债表与中央银行的资产负债表如何联结起来，也是财政政策与货币政策统筹的关键。

第五章 金融适度分权有助于金融安全

2008 年金融危机发生后，中国在当时的经济刺激计划之下，地方金融控股集团、地方融资平台等地方性金融机构纷纷设立并迅速扩张，以互联网金融和金融科技为载体的民间借贷规模持续膨胀，区域性金融市场或中心不断形成，这些因素不断酿造或聚集金融风险。在国际金融风险冲击频率加剧、国内金融风险又不断积累的背景下，习近平总书记在 2017 年第五次全国金融工作会议上提出，"防止发生系统性金融风险是金融工作的永恒主题"，"地方政府要在坚持金融管理主要是中央事权的前提下，按照中央统一规则，强化属地风险处置责任"；在中国共产党第十九次全国代表大会上，习近平总书记再次强调，"健全货币政策和宏观审慎政策双支柱调控框架"，"健全金融监管体系，守住不发生系统性金融风险的底线"。因此，研究影响中国系统性金融风险的因素、分析地方政府在金融风险形成和分担中的作用具有重要意义。

中国的多级政府对金融运行具有举足轻重的影响，研究地方政府权力结构是挖掘中国金融风险产生逻辑的重要突破点。改革开放之后，国家财政权力和经济决策权从中央向地方的下放逐步制度化，使中央与地方的关系越来越具有联邦制的特征（Montinola 等，1995）。同时，中国财政改革的重要特征是在政治集中条件下的财权和事权的下放（Blanchard 和 Shleifer，2001），即某些学者称之为"中国式分权"（杨开忠等，2003；苏力，2004；傅勇、张晏，2007）。人们开始在财政分权范式下研究中国经济增长、经济周期等问题，包括金融风险（张军、金煜，2005；巴曙松等，2005）。改革过程中，中国的中央政府对地方政府在金融管理权限上经历了集权—分权—集权—隐性集权的过程，其主要原因之一就是不同级别政府行为对金融机构投资决策及风险水平的影响。在金融分权程度较高的 20 世纪 80 年代，金融分权体制满足了地方政府利用金融杠杆扩张投资，从而造成重复建设和金融不稳定（夏斌等，2003；王曙光，2007）。因此，中央政府金融改革倾向于金融集中，以控制地方政府的金融杠杆，从而改进宏观经济绩效和金融稳定。丁骋骋和傅勇（2012）分析认为，在中央—地方权力收放的互动博弈和反复调整中，中国大致形成了财政分权与货币集权的体制搭配。但问题在于，随着分权改革和地方经济竞争加剧，由于财政分权化改革和金融集权化的制度安排，地方政府天然有着对国有银行"搭便车"和过度利用的激励，具有干预国有银行信贷配置的冲动（杨洁，2010）。同时由于商业银行机构及管理者在各地的利益，银行分支行的理性选择是配合地方政府偏好，地方投资竞争和银行垒大户选择逐渐集聚了金融风险。这一过程中，银行与地方政府形成联合、提升"游说能力"与中央（或中央银行）讨价还价，由中央和社会公众化解风险危机（陆磊，2005；苗文龙，2008）。这意味着，金融集权使金融风险膨胀，金融分权亦使金融风险加剧。我们认为这一两难问题的实质在于，现有的金融集权并非完全的集权，而是显性集权隐性分权、救助集权经营分权的权力结构。

第一节　金融变革与金融显性集权隐性分权特征

一　分权与财政分权

一个国家的疆土、人口扩张到一定程度，行政管理必须进行适度分权，以改善信息对称、提高经济效率。分权理论主要延伸于联邦制。联邦制是一种由来已久的国家组织原则，至今仍未出现一个被广为接受的权威说法。从制度本身的功能看，各国选择联邦制主要是其有如下几个功能：（1）借助权力分立与平衡在联邦与成员国之间划分国家权力；（2）通过领土单位自治来保护少数；（3）整合异质社会，特别是在保持领土单位社会文化多样性的同时实现整个国家在经济、政治和军事上的整合；（4）通过功能性的分工（分层负责）圆满履行国家的职责（童建挺，2009）。钱颖一等认为"保护市场的联邦主义"的根本特征就是中央政府对地方政府的政治性分权，该理论更重要的意义在于推导出多个地方政府权力中心之间会以争夺流动要素所有者为形式展开直接的竞争（Qian 和 Roland，1999）。布查南认为"联邦制区别于单一制的关键在于前者能够复制市场竞争机制。这种竞争促使政府提供更加友好的商业环境，从而有利于企业发展和经济增长"（Buchanan，1995）。"保护市场的联邦主义"的贡献在于"提醒我们在设计政府间财政安排（如政府间转移支付）时要考虑到硬化地方财政预算，并嵌入一些正式和非正式的制度安排来激励公共决策者，而不是仅仅考虑将财政功能如何在各级政府之间恰当分配"（Oates，1999）。

从中央与地方关系的演化来看，1979 年到 1992 年邓小平南方谈话之间的纵向权力调整，在很大程度上延续了行政性分权的做法；1992 年之后随着中国发展市场经济目标的逐步确立，政府与企业之间的经济性分权获得推动（何德旭、姜永华，2008）。研究中国分权对经济运行的文献主要集中在财政分权方面。"中国特色的联邦主义"假说（Montinola 等，1995；Jin Hehui 等，2005）认为，20 世纪 80 年代初开始的行政分权加强了地方政府的经济决策权，同时进行的财政分权使地方政府可以名正言顺地与中央分享财政收入，这两点构成地方政府激励的重要源泉。在此基础上，一些学者从政府官员晋升激励的角度研究中国政府内部治理的特征，并分析对经济运行的影响（Blanchard 和 Shleifer，2001；Maskin 等，2000）。周黎安据此进一步提出"地方官员的晋升锦标赛模式"，解释中国经济增长的奇迹，同时指出由于晋升锦标赛自身的一些缺陷，尤其是其激励官员的目标与政府职能的合理设计之间存在严重冲突，它目前正面临着重要的转型。地方政府行为自主性的增强，使地方政府在财政压力、政绩需求、经济利益驱动下，在组织和管理地方经济的过程中发挥出空前的积极性和主动性。但随着地方利益竞争的激化，地方财政风险的金融货币化解依赖暴露无遗。

二　金融集权与分权的界定

中国金融制度安排是长期利益博弈和妥协的政治制度、经济制度和文化制度的结晶，中央与地方的分权则是其中的主要影响因素，围绕金融分权的利益博弈勾勒中国金融制度变迁的基本线索，成为观察金融运行规律、分析金融风险的必要视角。由于主流金融理论对中国问题的生疏和中国经济金融理论界"移植主义"的盛行（张杰，2017），金融分权虽然和财政分权同是中国转型改革的重要组成部分，财政分权却被普遍认为是分权竞争的核心（张军，2008），金融分权则被理论界长期忽视。傅勇（2016）提出，"在不同的经济体制下，金融体制安排存在较大的差异，政府对金融资源，尤其是信贷资源分配具有一定控制力，政府在这些权力中的地位不同，可笼统称之为金融分权"。金融分权包括两个相互区别和联系的层面：一是政府和市场在金融资源配置和货币信用创造中的作用边界划分；二是政府不同部门、中央与地方政府在金融资源配置和货币信用创造的作用划分。洪正和胡勇锋（2017）对金融分权定义为"为推动一国经济长期增长，激励地方发展经济，在不同层级政府之间以及政府与市场之间就金融资源配置权和控制权进行划定与分配的一系列显性和隐性的制度安排。具体可分为两个层次：中央政府向地方政府的分权、（地方）政府向民间的分权"。由于两个原因，本书界定金融分权①是中央与地方关于金融资源控制和监管权划分的正规及非正规的制度安排，基本分为金融准入权（即发展金融机构、市

---

① 有学者主张将金融分权细分为金融纵向分权和金融横向分权，前者指中央与地方之间的金融权力结构划分，后者指同级层面上金融权力结构划分，例如，中央层面的"一行三会"对全国金融监管权的划分。本书中金融分权与财政分权的口径具有一致性，仅指金融纵向分权。

场和基础设施的权力）、金融控制权（包括所有权控制、经营控制和人事控制）、金融监管权（包括日常监管）、金融稳定权、金融配置权（资金配置和调拨）五个方面。一是这一问题的出发点——财政分权背景下地方政府对金融资源的争夺与金融风险的制造，实质上体现为中央与地方在金融资源权限方面的划定。二是这一问题的关键内容——金融准入权、金融控制权、金融监管权、金融稳定权，并决定了金融配置权，而这些是政府对金融机构和市场主体进行监督规范方面的内容。因此，我们将其界定在中央—地方的权限方面。

如表 5-1 所示，金融集权指中央政府掌握主要的金融准入权、金融控制权、金融监管权、金融稳定权和金融配置权。金融集权在现实中的主要表现是金融市场层次的单一性、金融市场准入审批的集权性、金融机构经营监管的集权性、金融风险救助的单一性等方面。金融市场层次单一性主要指全国范围内是一个层次的金融市场。金融市场准入审批的集权性主要指机构从事金融业务必须经过中央部门审批，进入全国性或区域性金融市场。金融机构经营监管的集权性主要指由全国统一的监管机构按照统一的监管规则进行监管。金融风险救助的单一性主要表现为银行等金融机构出现流动性等经营风险时，无论是国家银行还是地方性银行，通过地方政府、国有银行（包括所谓的股份制银行）等社会压力，促使中央政府统一救助，进而形成国家担保或政府担保。社会公众对政府视为一个体系，即使是地方政府担保，也会被认为是中央政府担保。因此，各地的银行也会得到中央的保护。

表 5-1　金融分权及集权的基本体现

	地方政府权限与分权性	中央政府权限与集权性	金融权力结构特征
金融准入权	对小贷公司、担保公司具有审批权；在地方政府融资平台方面具有建立权；对地方性股权市场具有建立权	对全国性银行和地方性银行及其他正规金融机构具有绝对的审批权；对资本市场设立和准入具有绝对审批权	主要体现为金融准入的集权特征

续表

	地方政府权限与分权性	中央政府权限与集权性	金融权力结构特征
金融监管权	对小贷公司、担保公司具有监管权，对地方性股权市场、产权市场具有管理权	对正规金融机构具有绝对监管权；对全国性金融市场具有管理权	与金融准入权相对应，主要表现为集权特征
金融配置权	通过地方行政干预、地方融资平台、控股地方金融机构、协助、纵容、默许本辖区企业逃废银行贷款等方式获取金融资源及其配置权	通过准入、设立以及调整利率、存款准备金率、借贷便利、窗口指导等货币政策，宏观调控全国的和行业的金融资源配置。金融机构总部具有资源配置的绝对权	从金融机构管理形式上，从金融调控覆盖面上，体现为显性集权特征；从直接影响地方银行的资金配置或通过融资平台获取银行分支机构资金的角度，体现为隐性分权特征
金融控制权	在本地农信社、城商行等地方性银行的人事、经营、权益上具有控制权	在全国性金融机构的人事、权益上具有控制权，对其经营不具有控制权	主要体现为集权特征，同时具有一定的分权特征
金融稳定权	缺少金融稳定的手段、工具和权力	具有最后贷款人、存款保险、资本充足率等多种金融稳定工具和权力	表现为集权特征

为了进一步准确描述金融分权概念，我们设计了几个金融分权指标，如表 5 - 2 所示。根据金融分权程度标准，当前中国的金融制度应归于显性集权隐性分权的类型，即审批、监管、稳定具有显著的集权性，但实际经营和资金配置又有隐性分权特征。

表 5 - 2　金融分权衡量指标

指标	含义	作用	缺陷
各地政府对金融牌照的发放比例	各地方政府发放的金融牌照数量占所有金融机构牌照数量的比例	描述各地方政府在金融准入方面的分权程度	需要结合各地政府日常监管的金融机构比例、各地政府监管救助金融机构的比例综合分析
董事长、行长等金融机构负责人的任命比例	各地方对金融机构负责人的任命人数占全国所有金融机构负责人的人数	描述地方在人事任命方面对金融资源的分权程度	描述了地方对金融分权的直接影响，未描述间接影响
各地政府日常监管的金融机构比例	各地方政府日常审慎监管的金融机构数量占所有金融机构数量的比例	描述各地方政府在金融监管方面的分权程度	需要结合各地政府对金融牌照的发放比例、各地政府监管救助金融机构的比例综合分析

指标	含义	作用	缺陷
地方融资平台融资规模比例	各地方融资规模占社会融资总规模的比例	描述地方政府通过地方融资平台获得的金融分权程度	描述了地方对金融分权的直接影响，未描述间接影响
各地上市公司融资规模比例	各地上市公司融资规模占上市公司流通股份总规模的比例	描述不同地方通过股票市场获得的金融分权程度	部分程度上描述了地方对金融分权的影响，但涉及的影响因素较多
各地贷款规模比例	各地贷款规模占全国贷款总规模的比例	描述不同地方通过银行贷款获得的金融分权程度	部分程度上描述了地方对金融分权的影响，但涉及的影响因素较多
各地政府监管救助金融机构的规模比例	在金融机构或金融体系发生危机风险时，各地方政府对金融风险的分担比例和救助比例	描述各地方政府在金融救助方面的分权程度	需要结合各地政府对金融牌照的发放比例、各地政府日常监管的金融机构比例综合分析

三 中国金融制度演化与显性集权与隐性分权特征

中国当前的金融制度虽然具有显性集权隐性分权特征，但经历了集权和分权的反复改革实践过程。40 余年来，如表 5 – 3 所示，对中国金融制度演化的历程进行简要概括。巴曙松等（2005）将中国国有银行体系的变革大致分为两个阶段：第一阶段是 1978 ~ 1997 年"地方金融分权阶段"；第二阶段是 1998 年至今"中央金融集权阶段"。在第一阶段，地方政府对本辖区的各种银行都具有较为直接的控制力，可以通过行政手段介入银行系统，获得大量金融资源。在第二阶段，国有银行体系进行垂直化管理体制的改革，中央政府通过设立大区行、取消地方分行的放款权、上收地方分行的信贷审批权等方式限制各地分行的贷款权限与可用资金，剥夺分行贷款发放与资金调拨的自主权，地方政府直接从国有银行体系夺取资源的能力下降，逐渐形成中央金融集权的局面。洪正和胡勇锋（2017）将改革开放以来金融分权演变划分为三个阶段：1978 ~ 1993 年为第一阶段，为配合经济领域放权让利的改革发展目标，金融领域打破"大一统"的银行体系，地方金融开始发展，为经济发展提供资金支持，金融开始分权；1994 ~ 2001 年为第二阶段，金融风险累积威胁经济安全，中央上收地方权限，整顿地方金融，强调金融风险的化解与防范，金融重新集权；2002 年至今是第三阶段，金融发展与风险防范并重，金融适度分权。第三阶段又可根据存量和增量改革的不同分为两个子阶段：2002～2006 年现有商业银行的股份制改革和上市；2007 年至今以新型农村金融机构改革为标志的地方金融快速发展。

表 5 - 3　财政金融机制的集权—分权改革

时期	财政集权—分权改革	金融集权—分权改革
新中国成立初期到 20 世纪 50 年代中期	中央实行全国统一的财政收支管理体制。人、财、物和产、供、销由中央部委统一管理，体现为财政集权机制	实行单一的、高度集中的"大一统"银行体制。中国人民银行一统天下，与财政部保持密切业务联系，体现为金融集权机制
20 世纪 50 年代末到 60 年代末	除了少数中央直接管理的企业收入，其他财政收入全部划归地方。1958 年"大跃进"，计划失控，1959 年 3 月开始，中央又将下放的权力上收。在此期间，表现为财政分权机制	1958 年"大跃进"，银行实行"两放、三统、一包"新体制。在农村，规定银行机构和人员全部下放给人民公社，与农村信用社合并。1959 年 6 月，下放的营业所收回重归银行管理，与人民公社信用部分开。这一时期总体上体现为金融分权机制
20 世纪 70 年代	1971～1973 年，中央对地方实行收支包干的体制。1976 年又重新集中。1977 年开始，江苏、四川开始实行包干分成制。体现为财政分权机制	1967 年，中国人民银行总行和财政部合署办公。1971 年开始将省和省以下银行机构与财政分开恢复原来的系统。1977 年，中国人民银行总行与财政部分开，实行垂直领导。这一时期总体上体现为金融集权机制
20 世纪 80 年代到 90 年代中期	中央实行"收支划分、分级包干"的财政管理体制，从原来的"大锅饭"过渡到"分灶吃饭"的新体制。除了推行财政包干制以外，中央大规模下放了经济管理权限，"条条为主"逐渐过渡为"块块为主"。体现为财政分权机制	成立中、农、工、建四大银行，分支行高管的任命权掌握在地方政府手中。1986 年后，成立了一批总行设置在地方的全国性股份制商业银行，人事任命权也主要掌握在地方政府手中。这一时期总体上体现为金融显性集权隐形分权机制
20 世纪 90 年代末	实行分税制改革。划分中央与地方的事权和支出，同时以税种划分中央和地方的财政收入，税收实行分级管理，成立国税局，这彻底改变了过去所有税收主要依靠地方征税机关征收的做法。体现为财政分权机制	1997 年对中央银行和四大银行实行垂直管理，中央将商业银行的资金融通权基本上收到中国人民银行总行，由总行集中办理再贷款业务。专门成立金融工委垂直领导。1998 年中国人民银行撤销省级分行，设置九大区行。这一时期总体上体现为金融显性集权隐形分权机制

续表

时期	财政集权—分权改革	金融集权—分权改革
21 世纪后	体现为财政分权机制	城市商业银行、村镇银行、小贷公司、担保公司、典当行、融资租赁公司等地方性金融机构快速发展；同时，地方政府搭建地方融资平台，通过发行债券、商业银行购买，间接从银行获取资金。体现为金融显性集权隐形分权机制，地方分权倾向更为显著

资料来源：参考丁骋骋、傅勇《地方政府行为、财政—金融关联与中国宏观经济波动——基于中国式分权背景的分析》，并补充归纳整理。

　　根据上述金融集权与分权的五条标准，我国第一阶段并不能算严格意义上的金融分权，因为地方政府具有地方银行及其他金融机构的准入权，也并不为地方金融机构倒闭及地方金融风险承担责任，而是将其转嫁给中央，由中央统一救助；在第二阶段，虽然地方政府以行政命令等方式直接介入银行经营的机会减少，但地方政府对银行的影响仍显而易见。有学者称地方融资平台是地方政府干预银行力量的减弱表征，但实质上地方政府是在争夺银行信贷之后的基础上"另辟蹊径"，而且地方债务这个"蹊径"大都由各地银行购买，是地方金融争夺的另一形式。所以，第二阶段并非严格意义上的金融集权，因为银行信贷规模仍与各地政府行为密切相关。因此，我们分析得出，改革开放以来中国金融制度可以简单分为三个阶段：1978～1997 年，金融分权地位凸显阶段；1998～2011 年，金融显性集权隐性分权阶段；2012 年至今，金融分权力量趋于强化，总体上仍是金融显性集权隐性分权。第三阶段的突破性事件是：各地金融办纷纷独立，并开始强化当地金融监管功能和金融资源配置话语权；具有金融功能的互联网金融涌现，金融办监管的小贷公司、担保公司借互联网金融之名扩展金融业务，实质上是地方金融机构的发展，而这些地方金融机构是地方政府发牌照，不是"一行三会"发牌照。

第二节　金融显性集权隐性分权模型：冒险冲动

现实中存在一定的金融分权，但没有明晰的法律界定和划分，地方政府因此可以竞争扩张，在保证自己区域金融机构资源的基础上，争夺国家金融资源，由于责任不明，却不承担相应的风险，造成区域风险积累和系统性风险暗涌。为便于分析，本部分在金融集权理论前提下，通过构建财政分权制度下地方政府理性行为选择模型，进而求解银行机构的最优行为与冒险倾向，并综合研究金融风险积累机制。

一　地方政府行为

地方政府具有双重理性，在决策政府支出规模与结构时，既要满足社会效益最大化也要满足个人效用最大化。政府支出为 g ，政府支出需要配套的银行贷款 $L(g)$ ，政府支出越高、需要的配套银行贷款越多，$L'_g > 0$ 。政府支出的社会效用表现为地区经济产出增加 $y[L(g),g]$ 。同时，地方政府在推动投资、促进增长的过程中，个人的效用满足表示为 $\gamma \times y[L(g),g]$ 。$0 < \gamma < 1$ ，γ 表示为地方政府个人效用与社会效用的比率，即产出增加的决策和实施过程中个人从中获取的效用比率。地方政府的行为目标函数可设计成式（1）：

$$\max_g(G) = (1 + \gamma) \times y[L(g),g] \tag{1}$$

求解效用 G 关于政府支出 g 的导数得出式（2）：

$$\frac{\partial G}{\partial g} = (1 + \gamma)[y'_L L'_g + y'_g] \tag{2}$$

根据式（2）可知，尽管存在贷款产出的边际递减效应和政府支出产出的边际递减效应，但显然满足 $y'_L > 0$ 和 $y'_g > 0$ ，即产出随着贷款和政府支出的增加而增加，但产出增长幅度越来越低。因此，$\partial G/\partial g > 0$ 。这意味着地方政府最优选择是为满足双重目的必须最大化政府支出 g^* ，并不断寻求银行信贷、融资平台等途径。单纯从式（1）自身来看，为求解其最大值，理论上最优政府支出 $g^* \to +\infty$，但结合经济实际，g^* 达到 G 的一定比例后，不可能再大，否则引起社会动荡。

二　商业银行风险决策

国内银行主要收入表现为利息收入[①]，即贷款规模 L 乘以利率 i。贷款利率一定程度上取决于贷款规模，贷款规模越大、贷款利率越低，$i'_L < 0$。银行贷款规模一是受项目风险变量 r 影响，$0 \le r \le 1$；二是受政府支出规模影响（何德旭、苗文龙，2016）。L 与 r 的关系取决于救助政策下银行的风险态度，即风险偏好、风险厌恶抑或风险中性，银行风险最后体现为发生坏账损失。因此，风险对银行的影响可表示为政策救助冲销后的坏账对经营利润的抵销。救助率为 s（救助规模/坏账规模），考虑项目风险的银行收入刻画为：$i[L(r,g)] \times L(r,g) \times [1 - r(1-s)]$。同时，我们主要考虑政府支出 g 对银行经营的影响关系，不论政府支出是否最优都是影响银行经营的重要变量，所以未将最优政府支出 g^* 引入银行经营函数。政府支出对银行经营的影响渠道在表 5 - 1 中已有概括，主要表现为：政府直接控股金融机构、行政权力干预金融资源配置、通过政府融资平台获取金融资源、发行地方政府债券获取银行分支机构信贷等。银行成本 C 和薪酬 W 都主要取决于信贷规模 L。此时，银行机构经营目标表示为式（3）：

$$\max(r\pi) = i[L(r,g)] \times L(r,g) \times [1 - r(1-s)] - C[L(r,g)] - W[L(r,g)] \quad (3)$$

如果 r = 0，则银行贷款没有任何风险，银行最优决策只与政府支出 g 状况有关，当政府支出 g^* 达到最优时，银行贷款亦达到最优 L^*。政府支出包括中央和地方两个部分。从地方政府的角度来看，政府支出

---

① 根据 2011 年、2012 年中国各主要银行财务报表披露数据，中国工商银行、中国银行、中国建设银行、中国农业银行、交通银行、招商银行、中信银行、兴业银行、民生银行、浦发银行等利息收入和占营业收入的比重多为 70% ~ 90%。

具有"饥渴型"增加特征，地方产出和政府个人效用随着政府支出递增而增加，随着地方产出趋于某一极限值，政府支出趋于无穷大。如果 $r = 1$，表明银行贷款全部为坏账，银行收入完全取决于政府救助规模，成本和薪酬变动则取决于政府支出影响的贷款规模。在满足 $s \geq C + W$ 的条件下，银行贷款变为另一种形式的政府支出，而且还要"养活"银行、弥补经营支出。现实中，两种情形都极少出现，我们着重研究 $1 < r < 0$ 的情况。

此外，银行经营还需满足条件式（4）：

$$i[\,L(r,g)\,] \times L(r,g) \times [\,1 - r(1 - s)\,] \geq W[\,L(r,g)\,] \qquad (4)$$

条件式（4）表明，银行贷款收入只要能满足薪酬支出就能经营，当然以前期固定成本的损耗殆尽为终结期限。因此，银行可以通过提高薪酬收入降低税前利润。

为考察贷款利率对银行利润的影响，首先对式（3）求解风险变量 r 的导数得出式（5）：

$$\frac{\partial \pi}{\partial r} = [\,i'_L L'_r L + iL'_r\,][\,1 - r(1 - s)\,] - iL(1 - s) - C'_L L'_r - W'_L L'_r = 0 \qquad (5)$$

式（5）给出的经济含义为，在银行取得最大利润之前，总是通过提高贷款项目风险、增加贷款收入和救助收入，并冲销高额的经营成本和薪酬成本；随着贷款风险增加，救助抵销后的坏账损失提升，银行利润逐渐趋于最大值。

为考察地方政府支出对银行经营利润的影响，求解式（3）关于 g 的导数得出：

$$\frac{\partial \pi}{\partial g} = [\,i'_L L'_g L + iL'_g\,][\,1 - r(1 - s)\,] - iL(1 - s)r'_g - C'_L L'_g - W'_L L'_g = 0 \qquad (6)$$

根据式（5）、式（6）求解得出式（7）和式（8）：

$$r_1{}^* = \frac{i'_L L'_r L + iL'_r - iL(1 - s) - C'_L L'_r - W'_L L'_r}{(i'_L L'_r L + iL'_r)(1 - s)} \qquad (7)$$

$$r_2{}^* = \frac{i'_L L'_g L + i L'_g - iL(1-s) r'_g - C'_L L'_g - W'_L L'_g}{(i'_L L'_g L + i L'_g)(1-s)} \qquad (8)$$

为简化分析可对式（7）和式（8）进行形式转化。令：$\varepsilon_{iL} = \dfrac{i'_L}{i}L$，表示银行贷款的利率弹性，即在一定经济状况和金融市场下银行贷款利率变动对贷款变动的反应程度，它主要衡量了贷款规模对利率的影响，显然，ε_{iL} 主要由市场资金供求外在决定。$\varepsilon_{rL} = \dfrac{L'_r}{L}r$，表示项目风险的贷款弹性，即在一定经济环境下贷款规模变动对贷款项目风险状况变动的反应程度，主要衡量贷款风险对贷款规模的影响，显然，ε_{rL} 主要由政治影响、救助政策和管理技术决定。$m = \dfrac{i - C'_L - W'_L}{i}$，表示贷款市场垄断程度，反映银行对市场贷款规模和定价能力的影响程度，m 主要由长期经济制度决定。$\varepsilon_{Lg} = \dfrac{L'_g}{L}g$，表示政府支出的银行贷款弹性，反映政府支出变动对银行贷款变动的影响。此时，式（7）、式（8）演化为式（9）和式（10）：

$$r_1{}^* = \frac{\varepsilon_{iL}\varepsilon_{rL} + m\varepsilon_{rL}}{(\varepsilon_{iL}\varepsilon_{rL} + \varepsilon_{rL} + 1) \times (1-s)} \qquad (9)$$

$$r_2{}^* = \frac{\varepsilon_{iL}\varepsilon_{Lg} + m\varepsilon_{Lg}}{(\varepsilon_{iL}\varepsilon_{Lg} + \varepsilon_{Lg} + \varepsilon_{rg}) \times (1-s)} \qquad (10)$$

$r_1{}^*$ 是商业银行从风险最小化角度考虑的利润最大化的风险决策值，此时可能并非是兼顾政府支出的最大利润；$r_2{}^*$ 是商业银行根据政府支出水平决定的利润最大化时的风险值，此时并非意味着风险最小；因此这两者取值可能并不一致。如果要商业银行在满足一定政府支出水平上的风险最小，必须满足条件：$\dfrac{\varepsilon_{iL}\varepsilon_{rL} + m\varepsilon_{rL}}{(\varepsilon_{iL}\varepsilon_{rL} + \varepsilon_{rL} + 1) \times (1-s)} = \dfrac{\varepsilon_{iL}\varepsilon_{Lg} + m\varepsilon_{Lg}}{(\varepsilon_{iL}\varepsilon_{Lg} + \varepsilon_{Lg} + \varepsilon_{rg}) \times (1-s)}$，从而 $r^* = r_1{}^* = r_2{}^*$，这需要 $\varepsilon_{Lg} = \varepsilon_{rg}\varepsilon_{rL}$。即使如此，这仍非实际意义上的商业银行风险最小，而是在一

定政府支出水平上的风险最小，此时的银行最小风险随着政府支出水平变化而变化，只有当政府出于银行风险最小时做出了政府支出决策 g^*，银行才能取得风险实质上最小的最大利润。对此我们将在后文再做具体的探讨分析。r^* 表示银行均衡风险状况。$\varepsilon_{Lg} = \varepsilon_{rg}\varepsilon_{rL}$ 的经济含义为政府支出的贷款弹性等于政府支出的风险弹性与银行贷款的风险弹性的乘积。经济含义为，政府支出波动必然传染到银行贷款波动上，进而引致银行金融风险的振幅加剧，表现为银行坏账率与银行贷款波动率的同幅波动。

命题 1：政府支出波动必然引起银行贷款规模波动，而银行贷款规模的波动对银行风险水平具有显著影响。因此，政府支出波动引致银行风险水平的变化。

证明：条件 $\varepsilon_{rL} \neq 0$、$\varepsilon_{Lg} \neq 0$、$\varepsilon_{iL} \neq 0$ 成立。$\varepsilon_{iL} \neq 0$ 经济含义在于，银行贷款规模变动对利率水平变动具有显著影响，揭示出银行信贷对市场资金需求至关重要。$\varepsilon_{Lg} \neq 0$ 表明，政府支出变动对银行信贷规模变动具有显著影响。$\varepsilon_{rL} \neq 0$ 经济含义为，银行贷款规模的波动与其风险水平和坏账率变动密切相关。三个不等式同时成立意味着，当政府偏好营利性投资扩张时，如果政府仅依靠其他方式的融资平台，政府支出配套资金很难满足，这势必造成利率水平畸高和政府支出成本剧升。银行贷款对政府支出的积极配合，无疑缓解了政府支出的利息成本、宽松了政府融资渠道。而这也必然激励政府力图动用政治权力干预银行信贷，各地形成金融争夺的局面，伴随这一过程的是银行风险或显性或隐性急剧攀升。因此，周小川（2004）统计推测"国有商业银行的不良贷款中，约有 30% 不良贷款是由于受到各级政府干预，包括中央和地方政府的干预形成的；约 10% 的不良贷款是由于国内法律环境不到位、法制观念薄弱以及一些地区执法力度较弱所导致；约有 10% 的不良贷款是政府通过关停并转部分企业进行产业结构调整所形成；20% 的不良贷款是由于国有银行自身信贷经营不善所造成的"。"从中可以看出，除了 30% 的直接行政干预性不良贷款外，还有 50% 是准政府的国有企业、司法部门和国家经济决策（产业结构调整）部门造成的。因此，直接以及间接的行政干预造成了 80% 的国有银行不良贷款"（杨洁，2010）。

命题 2：信贷市场垄断程度越高，垄断银行的风险水平越高。

证明：求解 r^* 关于 m 的导数，得出

$$r^{*\prime}_m = \frac{\varepsilon_{rL}}{(\varepsilon_{iL}\varepsilon_{rL} + \varepsilon_{rL} + 1) \times (1 - s)} = \frac{\varepsilon_{Lg}}{(\varepsilon_{iL}\varepsilon_{Lg} + \varepsilon_{Lg} + \varepsilon_{rg}) \times (1 - s)} > 0 \text{。}$$

经济含义在于，银行垄断程度高低与银行风险水平之间存在显著的正相关关系。其原因在于：一是垄断性银行无破产威胁的后顾之忧。垄断性银行一般来自金融集权下的政府行政许可垄断，这样的银行都有国家声誉作为担保，这势必无形中激励它们减少对风险的关注，同时可能增加将经营风险混入政策性风险的机会主义行为（杨小凯，2000；李扬，2003）。即使国有银行改革，国家声誉淡出（周好文，2003），但其金融市场垄断地位仍在延续，名义上换个称谓，实质上仍是系统重要性金融机构，其自身难以化解的风险仍必然由国家进行化解。正是这个无须博弈的"大而不倒"的预期结果，解决了垄断性银行的后顾之忧。二是垄断性租金促进了"柠檬效应"。在信贷市场上具有垄断地位的银行，虽然仍遵守利率规定，但决策层可根据垄断权收取租金。因此，信贷利率可能较低，但信贷的各种"门槛费""打点费"可能很高。因此，算上"鞋底成本"和租金成本（张杰，2008）的银行贷款利率与民间借贷利率可能相差无几。较高的信贷利率无形中挤出了还款信用高、投资收益正常或较高的项目信贷需求，选择了还款信用低、给付较高租金的项目。这种垄断造成的"柠檬效应"加剧了银行信贷的逆向选择和道德风险。三是银行信贷垄断权与相关利益的交换满足了决策层利益最大化，但背离了机构整体收益与风险的最优化。信贷垄断使地方政府可以集中精力进行干预，这不但便利了地方政府和垄断银行干涉、合谋，而且激励地方政府积极争取银行信贷，从全国银行信贷资金盘子中分到更多的份额。垄断性银行分支行的最优选择就是根据当地政府政策，极力争取份额信贷规模，经营失误归因于政策干预，联合地方政府

获取政策救助。所以，垄断程度越高，垄断银行的风险水平越高。

命题3：考虑到垄断因素后，利率的贷款规模弹性越高，银行风险越高。

证明：求解 r^* 关于 ε_{iL} 的导数，得出

$$r^{*'}_{\varepsilon_{iL}} = \frac{(\varepsilon_{rL} + 1 - m\varepsilon_{rL})\varepsilon_{rL}}{(\varepsilon_{iL}\varepsilon_{rL} + \varepsilon_{rL} + 1)^2 \times (1-s)} = \frac{(\varepsilon_{Lg} + \varepsilon_{rg} - m\varepsilon_{Lg})\varepsilon_{Lg}}{(\varepsilon_{iL}\varepsilon_{Lg} + \varepsilon_{Lg} + \varepsilon_{rg})^2 \times (1-s)} > 0 \text{。}$$

经济含义为，银行贷款利率波动对银行贷款规模变化非常敏感，银行贷款规模加速增加，引起银行贷款利率以更高的加速度增加，贷款利率包含了风险因素，这暗示了利率中的风险状况加速恶化，贷款的风险弹性上升推动银行风险水平上升。其原因在于，银行垄断提高了银行利率的信贷弹性，银行信贷规模的风吹草动都会引发利率的显著变化。此时，银行有激励将利率提高到最优垄断利率以获取最高的垄断利润。伴随信贷利率的提高，在市场经济中，"信贷配给规则"将对控制信贷风险发挥作用，将利率锁定在"好"（诚实守信、准备还款）的贷款者和"坏"（信用低、不打算还款）的贷款者共同决定的平均信用质量贷款利率，并结合它们拥有的资产质量作为信贷配给依据（Guttentag 和 Herring，1984）。相对于提高利率的"市场出清"，信贷配给的均衡更能满足优质贷款者需求、减少逆向选择风险且更为符合经济效率。而有政策救助保障的垄断银行，则可以提高信贷利率水平，显然也必然提高了逆向选择风险。同时，若银行提升贷款利率，高的利率导致贷款者承担更多的银行不能监督的风险（道德风险），违约的可能性上升。Keeton（1979）、Stiglitz（2009）等研究表明，利率上升银行取走贷款者更多的利息，使得贷款者的预期收益降低，因而他常常通过冒更大的风险来改善自己的情况，结果是违约的可能性增加，银行预期损失提高。这与命题3之间存在相辅相成的对应关系。

命题4：考虑到垄断因素和救助因素后，银行风险的贷款规模弹性越高，银行贷款的风险水平越高。

证明：求解 r_1^* 关于 ε_{rL} 的导数，得出

$$r_1^{*\prime}{}_{\varepsilon_{iL}} = \frac{\varepsilon_{iL} + m}{(\varepsilon_{iL}\varepsilon_{rL} + \varepsilon_{rL} + 1)^2 \times (1 - s)} > 0 。$$

经济含义为，银行风险的贷款弹性越高，意味着银行项目风险对贷款规模非常敏感，经济中贷款项目多为高风险项目，随着银行贷款规模增长率的细微调整，都会引起银行风险状况的显著波动，银行贷款规模波动率增加，银行风险变动率显著增加，银行贷款波动率降低，银行风险变动率也显著降低。在银行信贷的顺周期（Guttentag 和 Herring，1984；Rajan，1994；Berger 和 Udell，2002）和非对称性增长（苗文龙，2005；孙天琦等，2010）行为特征下，银行风险的信贷弹性使银行信贷规模的持续增加提高了银行风险水平，却很少出现因信贷增长幅度降低而降低信贷风险水平的情况。

命题 5：对银行风险的政策性救助概率越高，银行的风险水平越高。

证明：求解 r_2^{*} 关于 s 的导数，均可得出

$$r_2^{*\prime}{}_{s} = \frac{\varepsilon_{iL} + m}{(\varepsilon_{iL} + 1) \times (1 - s)^2} > 0 。$$

经济含义为，对银行风险的政策性救助越高，银行越是有政府财政为担保，银行高管所承担的风险责任就越低，风险意识越淡薄、风险偏好越强烈，行为短期化越显著。这一系列的连锁反应，造成银行的信用风险上升。其逻辑在于，银行发生流动性困难，国家必然及时提供救助贷款或接管，政策救助成为风险衍生、泛滥时代下银行的又一项高概率收益。一旦金融中介自身经营积累的风险有国家救助做保障，金融中介把高风险项目引发的流动性困境不再视为持续经营威胁，而作为一项潜在的高概率收益来对待，必然引发道德风险，加剧金融体系风险。近年来，银行坏账风险有明显上升就是一个证明。

命题 6：政府支出的银行信贷弹性越高，银行的风险水平越高。

证明：求解 r_2^{*} 关于 ε_{Lg} 的导数，得出

$$r_2^{*\prime}{}_{\varepsilon_{i_s}} = \frac{\varepsilon_{rg}(\varepsilon_{iL} + m)}{(\varepsilon_{iL}\varepsilon_{Lg} + \varepsilon_{Lg} + \varepsilon_{rg})^2 \times (1 - s)} > 0 。$$

经济含义为，银行贷款规模对政府支出反应越灵敏，政府支出规模波动率的细微调整，都会引起银行贷款规模波动率的显著变化。这意味着政府支出加速增加，银行贷款规模会以更高的加速度增加，并引起银行风险水平的剧烈恶化；政府支出加速减少，银行贷款规模会以更高的加速度降低，并引起银行风险水平的明显改良。其原因在于：政府支出波动引发银行信贷波动的程度越高，政府对银行经营干预作用越显著。在经济赶超阶段，政府出于泛利性和自利性偏好，都具有"投资饥渴"的特征，政府投资成为推动经济增长的第一动力，使经济逐渐产生政府投资依赖。在政府干预下，银行难以选择贷款项目，而且可能也愿意选择政府类项目。贷款的政策化、集中化加剧了期限错配等风险，加上前文论述的道德风险、垄断风险等因素，政府支出成为推动银行风险上升的一个征兆性指标。

前文推理证明，金融集权下，地方政府为满足双重目的不断扩张政府支出，这必然引起银行贷款规模的加速增加，社会风险低的贷款项目减少，银行风险的贷款弹性上升，引发银行风险状况急剧恶化。这也从金融资源分配的视角证明了地方发展型政府的行为逻辑及制度基础[1]。同时，国内信贷市场具有显著的行政垄断特征，而这促使银行与地方政府联合，在中央救助充分保障的情况下，无形中增加了高风险投资项目（何德旭等，2013）。这也从侧面证明，救助率越高、银行风险越高的内在逻辑。

第三节　金融分权模型：冒险抑制

为比较金融显性集权隐性分权与金融分权下金融风险形成的差别，

---

[1] 郁建兴、高翔：《地方发展型政府的行为逻辑及制度基础》，《中国社会科学》2012年第5期。

本部分在分析地方政府及商业银行行为函数的基础上，求解他们的最优决策，并研究对金融风险形成的影响。

一　地方政府行为

金融适度分权的首要条件就是地方政府承担明确的辖区金融稳定责任，其目标不仅是式（1）所描述的区域产出的社会效用和个人效用，而且必须兼顾金融不稳定带来的负效用。金融不稳定主要表现为银行贷款规模变动幅度和坏账风险规模，因此我们利用 $f[\Delta L, r]^2$ 描述金融不稳定对地方政府带来的负效用。地方政府行为函数中产出效用和金融不稳定负效用的影响权重分别为 λ_1、λ_2，其目标函数表示为式（11）：

$$\max_g(G) = \lambda_1(1+\gamma)\{y[L(r,g),g]\} - \lambda_2 f[\Delta L, r]^2 \tag{11}$$

为着重考虑地方政府行为变化的影响，假定上期银行贷款规模为 0，则 $\Delta L = L$，式（11）变化为式（12）：

$$\max_g(G) = \lambda_1(1+\gamma)\{y[L(r,g),g]\} - \lambda_2 f[L(r,g),r]^2 \tag{12}$$

求解政府效用关于政府支出和风险变量的导数，并令之为 0 得出式（13）：

$$\begin{cases} \dfrac{\partial G}{\partial g} = \lambda_1(1+\gamma)[y'_L L'_g + y'_g] - 2\lambda_2 f'_L L'_g [L(r,g),r] = 0 \\ \dfrac{\partial G}{\partial r} = \lambda_1(1+\gamma)y'_L L'_r - 2\lambda_2 f'_L [L(r,g),r][L'_r + 1] = 0 \end{cases} \Rightarrow$$

$$\begin{cases} \dfrac{\lambda_1(1+\gamma)}{2\lambda_2} = \dfrac{[L(r,g),r]f'_L L'_g}{[y'_L L'_g + y'_g]} \\ \dfrac{\lambda_1(1+\gamma)}{2\lambda_2} = \dfrac{f'_L [L(r,g),r][L'_r + 1]}{y'_L L'_r} \end{cases} \tag{13}$$

根据式（13）得出式（14）：

$$[L'_r + 1]y'_g + y'_L L'_g = 0 \tag{14}$$

式（14）的经济含义为，地方政府因投资支出增加而推动银行边际贷款增加并形成的边际产出，恰好与地方政府支出增加的边际产出与其风险的边际银行贷款乘积相抵消。这时，地方政府必须在政府支出、银行贷款、产出与金融风险之间寻求均衡。

二 商业银行风险决策

在金融分权下，根据式（14），假定政府决策最优支出规模为 g^*，因此对银行贷款具有一定规模需求，但这种需求是潜在的，并以此决定银行贷款的救助率 s^*。根据式（3），此时银行机构经营目标函数变化为式（15）：

$$\max(r,g\pi) = i\big[L(r,g^*)\big] \times L(r,g^*) \times \big[1 - r(1 - s^*)\big]$$
$$- C\big[L(r,g^*)\big] - W\big[L(r,g^*)\big] \tag{15}$$

式（15）意味着影响银行利润的变量主要是银行贷款规模、贷款利率、成本和薪酬，而风险状况变量是决定这四个变量的一个根本因素。

对式（14）求解风险变量 r 的导数得出式（16）：

$$\frac{\partial \pi}{\partial r} = \big[i'_L L'_r L + iL'_r\big]\big[1 - r(1 - s^*)\big] - iL(1 - s^*) - C'_L L'_r - W'_L L'_r = 0 \tag{16}$$

根据式（16）得出式（17）：

$$r^* = \frac{i'_L L'_r L + iL'_r - iL(1 - s^*) - C'_L L'_r - W'_L L'_r}{(i'_L L'_r L + iL'_r)(1 - s^*)} \tag{17}$$

根据前文各弹性变量的含义，将其带入式（17）得出式（18）：

$$r^* = \frac{\varepsilon_{iL}\varepsilon_{rL} + m\varepsilon_{rL}}{(\varepsilon_{iL}\varepsilon_{rL} + \varepsilon_{rL} + 1) \times (1 - s^*)} \tag{18}$$

命题 7：金融适度分权下，由于政府支出水平和政策性救助率的最优值的界定，虽然银行风险状况与利率的贷款规模弹性、风险的贷款规模弹性、银行垄断系数仍成正比，但银行风险波动区间得到锁定。

证明：对式（17）分别求解 r^* 关于 ε_{iL}、ε_{rL}、m 的导数得出式（19）：

$$\begin{cases} r^{*\prime}_{\varepsilon_{iL}} = \dfrac{(\varepsilon_{rL} + 1 - m\varepsilon_{rL})\varepsilon_{rL}}{(\varepsilon_{iL}\varepsilon_{rL} + \varepsilon_{rL} + 1)^2 \times (1 - s^{*})} > 0 \\[4mm] r^{*\prime}_{\varepsilon_{rL}} = \dfrac{\varepsilon_{iL} + m}{(\varepsilon_{iL}\varepsilon_{rL} + \varepsilon_{rL} + 1)^2 \times (1 - s^{*})} > 0 \\[4mm] r^{*\prime}_{m} = \dfrac{\varepsilon_{rL}}{(\varepsilon_{iL}\varepsilon_{rL} + \varepsilon_{rL} + 1) \times (1 - s^{*})} > 0 \end{cases} \qquad (19)$$

根据式（19）的三个不等式可得出与命题2、3、4相似的结论。但不同于金融显性集权隐性分权的是，（1）金融适度分权下，地方政府对辖区银行贷款风险具有责任，不再只争夺贷款资金而不顾虑地区风险化解，此时他们必须兼顾经济增长与金融风险，从而必须在决定政府支出的最优值的基础上估算相应的意愿银行贷款规模。（2）由于政府支出最优的确定，使银行信贷较少出现大幅度的震动，并将其锁定在特定区间；区间范围除了受政府干预因素影响外，还由银行具体的盈利决策决定。这一区间也锁定了银行的风险水平区间，较金融集权状况具有一定改进。（3）一旦政府支出最优值确定，政府支出对银行贷款的影响就比较有限，银行风险就难以再依附于政策性风险，从根本上约束了银行的风险偏好，从而也降低了银行整体风险水平，但行政垄断、贷款规模扩张等引致的风险同样存在。

第四节　金融适度分权有助于防范金融风险

无论发达国家还是发展中国家，商业银行都面临信用风险、操作风险、市场风险，各个银行机构风险的积累和膨胀必然对实体经济稳定运行造成巨大威胁，甚至爆发金融危机造成经济动荡。不同之处或不同程度之处在于，中国金融制度变革过程中，形成了显性集权隐性分权的运行特征，这一特征成为地方政府干预或影响银行经营争夺投资资金的便利，同时也成为商业银行假借政策道德风险的便利。金融显性集权隐性分权下，政府支出波动通过左右银行贷款规模波动、利率的贷款规模弹性、风险的贷款规模弹性等因素推动银行风险水平上升。尽管信贷市场垄断程度较高，但政府对其影响优势不言而喻，并形成银行垄断程度越高、银行风险水平越高的趋势。国家的救助非但未降低上述风险，反而可能成为激励银行风险冲动的重要力量。在金融适度分权下，地方政府对辖区银行贷款风险具有重要责任，不再只争夺贷款资金，还必须兼顾金融风险，从而必须在决定政府支出的最优值的基础上估算相应的意愿银行贷款规模，降低银行信贷波动幅度，使银行商业风险难以再依附于政策性风险，从根本上约束了银行的风险偏好。但行政许可垄断、贷款规模扩张等引致的银行风险同样存在。

需要强调的是，金融适度分权的核心是明确、落实地方政府的金融风险责任，而这需要设计建立分层的金融市场，对现有的或将要设计的金融安全制度进行完善，将适度分权与审慎监管、存款保险、最后贷款人等稳定制度有机融合。在书中，我们初步提出了风险共管的金融监管制度、风险共担的金融救助思路，特别是提出地方政府在区域金融市场上的机构准入、运行规则、融资投资方面的监管权限，提出地方政府出部分资金与中央共建分层的存款保险机制以及由中央银行及分支牵头和对应层级政府成立最后贷款基金制度。

显性集权隐性分权的金融制度使地方政府将相关风险包袱甩给国家，诱使金融风险不断酝酿和积累。很显然，金融完全分权并不能有效地解决这一问题，破题的关键在于：一是要真正发挥横向问责机制与纵向问责机制的效力，督促地方政府承担与收益相匹配的风险；二是对金融进行适度分权，让地方政府对区域性金融市场、地方性金融机构具有一定的准入审批权，并由中央对其效率、风险进行评估，同时纳入地方政府管理能力评价范围。在这个意义上，金融适度分权改革、金融风险责任分担是防范和控制区域性金融风险的根本性方法之一。

第五节　基于金融安全的金融适度分权

我国金融风险主要根源之一在于地方政府具有争夺银行信贷之激励

却无承担金融风险之责任。习近平总书记在 2017 年第五次全国金融工作会议上明确"地方政府要在坚持金融管理主要是中央事权的前提下，按照中央统一规则，强化属地风险处置责任"，强调了地方政府对金融风险的分担责任。因此，金融体系发展的基本规则之一就是，在财政分权制度下，金融如何适度分权并激励地方政府承担相应的金融责任。

一　分层次的金融市场

金融市场发展规律一般是从熟人圈层往来到生人信用交易。如果在诚信、监督、法律等市场规则都不完善的情况下，直接实现个人、企业或政府在市场上进行交易，必然产生欺诈等行为，而这正是金融风险产生的主要根源。对金融市场进行分层，建立区域性和全国性金融市场，融资主体根据资质、信誉、预期等情况首先在区域性金融市场上市，在持续、稳定、盈利经营法定期限后再到全国金融市场上市交易（何德旭、苗文龙，2015）。

第一，构建分层的货币市场。构建分层的货币市场，鼓励满足条件的地方政府债券、企业公司债券、公司融资票据等货币性金融工具在区域性货币市场进行交易，当企业、政府满足一定资信后，再到全国货币市场进行交易。这样不仅可以鼓励当地人收集当地企业和政府信息、解决信息不对称问题，而且可以解决资金困难但很有竞争实力企业的融资困境，并将风险限于地方区域内。同时，也将资金分流，避免资金投资渠道单一，要么在全国性的金融市场跟风投资，要么投资本地房产，缓解房地产泡沫压力和区域金融风险。

第二，构建分层的资本市场。我国资本市场的风险主要表现在：信息不对称造成的幕后操纵、上市后高层套现、公众追涨杀跌等方面。企业与监管机构的信息不对称、监管机构与市场公众的信息不对称、上市公司与公众的信息不对称，都给企业留下了弄虚作假的空间。而这恰恰是市场风险的根本原因。所以，资本市场也要分层次。资本市场分层次，就是鼓励企业先在本地交易，得到本地公众认可后，再在全国上市。如果没有当地公众的认可，监管当局很难准确地对机构做出审核，上市公司质量也就很难保证，这种没有质量基础的股票只能依靠小道消息进行炒作。这样，地方政府就有了维护市场稳定的激励，从而容易化解区域风险。

二　风险共管的金融监管制度

根据分层金融市场上金融机构类型，建立开展金融适度分权监管。以往无论是金融集权抑或金融分权，地方政府在金融方面的权力和责任都不对等。建立分层金融市场、探索分权监管核心之一就是要明确地方政府在金融领域拥有的权力、落实在区域金融风险承担的责任，构建以合理的金融分权为基础、中央与地方分层次的金融安全网和全面风险防范体系，明确在全国和地方不同层面上，中央和地方在入市审批、日常监管、宏观审慎等方面的权限、责任、利益。

地方政府对区域金融市场监管具有第一责任。在地方政府对应层级的金融市场，拥有机构法人执照审批的权力，并对区域内的法人金融机构拥有日常监管责任，可以采用撤销执照、审核高管等监管措施使其日常经营指标满足规则要求。同时，地方政府在对应层级的金融市场拥有对相关企业在该市场债券、股权融资的审核权，采取管理措施确保二级市场交易公开、公平，保障辖区金融市场稳定运行。

中央政府对全国性金融市场监管具有第一责任，对进入全国性金融市场的金融机构、企业进行审核、监管，对各地政府金融监管具有业务指导、数据统计、地方管理评级等权力。通过适度分权，激励地方政府承担维护区域金融稳定运行的金融监管角色。

三　风险共担的金融救助思路

当前的金融安全网络，不是做大的问题，而是优化的问题。各地政府不仅要负责区域金融监管，而且在金融风险救助和化解上应承担一定责任。具体而言，包括两个方面。

一是建立适度分权的存款保险制度。建立与分层金融市场对应层级的存款保险，用于防范相应层面金融市场的金融风险。各层级政府对本层面的存款保险拥有管理权，并研究制定存款保险范围、保险费率、赔付条件等。为防止风险向其他地方性银行机构蔓延、保障存款人的利益并改变公众挤兑的预期，地方存款保险主要用于区域性银行机构发生流动性危机时，为该银行的存款户提供一定额度的存款保障。为防止系统重要性银行机构发生流动性危机和挤兑风险，中央存款保险主要用于全国性银行机构存款保障。

二是适度分权的最后贷款基金。金融适度分权下的最后贷款基金制度，由中央银行及分支牵头和对应层级政府成立最后贷款基金。最后贷款资金来源于两个方面，一是中央银行的最后贷款资金，二是地方政府的一部分财政资金。最后贷款人主要用于防范本地区的金融风险，具体包括本地的地方性金融机构出现流动性风险以及系统重要性银行本地的分支机构出现流动性风险。最后贷款的利率、期限、对象等条件由最后贷款人根据风险状况确定，但必须确保最后贷款能够被收回。

第六章　维护金融安全的宏观视角

第一节　构建金融风险预警机制

习近平同志指出，准确判断风险隐患是保障金融安全的前提。这要求我们从源头入手，密切关注可能影响金融安全之"因"，构建完善的金融风险预警体系。

构建完整的风险预警指标集。影响金融安全的主要因素包括金融机构以及企业和居民的风险承受能力、金融机构对风险的管理能力、资产负债表内及表外头寸的变动情况、国内外宏观经济发展环境、国际资本流动等。针对这些因素梳理排查每个风险点的成因、机理、传染渠道及冲击强度，能够有效降低信息不对称的程度，有助于完善金融风险预警体系。这其中的关键在于，要将覆盖各领域的风险指标都纳入预警指标集。这些指标主要包括：以金融机构资本充足率、企业与居民资产负债率为代表的风险承担类指标，以股指波动率、债市收益率为代表的风险定价类指标，以汇率波动率、通货膨胀率、经济增长率为代表的经济环境类指标，以金融机构相互持有资产份额为代表的风险关联度指标，以最大敞口占全部资产之比为代表的风险集中度指标，等等。

实时监测金融运行压力状况。习近平同志强调，"金融部门要按照职能分工，负起责任"，"做好本地区金融发展和稳定工作，做到守土有责，形成全国一盘棋的金融风险防控格局"。因此，有必要开发覆盖金融体系不同部门、不同区域、不同时间频度的金融压力指数，实时监测我国金融运行的压力状况。具体而言，应将反映银行业、银行间市场、债券市场、股票市场、期货市场、外汇市场等不同来源压力水平的指标进行整合，形成金融压力指数，量化显示金融体系的动态变化，准确反映不同部门、不同区域以及整个金融体系所承受的总体压力水平。将金融压力指数与其长期发展趋势进行比较，识别出我国金融体系潜在的系统性风险并做出预警。同时，根据预测与实际的偏离情况不断优化指标体系，进一步提高预警精准度。

受技术和成本约束，传统的金融监管措施以及金融机构事前准入所依赖的都是金融机构运行的历史数据，对金融机构事中事后的监管也是风险发生后的补救措施以求降低风险损失，这些都很难做到对过程实时监测。互联网技术的网式多点特征，为实时链接、实时监测提供了可能。数据信息可以时时共享，监管者就可以耳聪目明、防控风险。监管机构还可以通过对关联指标的实时监测，做到"胸中有数"，实现未雨绸缪，密切监测，准确预判，并将监管措施前置。

第二节　优化金融风险管理体制

在准确判断风险隐患的基础上完善金融风险处置机制，就能快速消除金融安全隐患，有效防范和化解金融风险。

一　完善风险紧急应对方案

实践表明，当发生金融危机预警时，不同的紧急应对方案会带来不同的结果。应对方案越明晰，信贷收缩量及投资活动所遭受的破坏就越小。因此，应当建立快速、灵活、有效的金融安全操作规程和迅速反应机制，积极拓展货币政策工具和宏观审慎工具。当金融机构陷入困境特别是流动性困境并威胁金融安全时，可适时调整和改变货币政策工具的使用频率、期限、交易对象、交易条件，并配合财政政策工具和金融市场工具，建立良好的风险隔离机制，平衡救助成本与收益，不断创新风险处置方法，确保流动性基本稳定。同时，还要注重加强对公众预期的引导。

二 优化风险处置模式

问题金融机构的负外部性较强，对金融安全的影响较大。对问题金融机构的处置模式不同，其影响程度和影响范围也各异。因此，选择恰当的风险处置模式极为重要。习近平同志指出，要"完善市场规则，健全市场化、法治化违约处置机制"。因此，应当明确监管机构对问题金融机构的处置权限和程序，严格规定处置程序启动条件，不断优化损失估计方法，做到处置有序、降低债权人损失、减轻对金融体系的冲击。同时，要充分发挥市场机制在问题金融机构处置中的积极作用，只在市场失灵或对市场冲击过大时才辅以必要的行政手段，确保金融市场预期稳定，促进市场机制完善，提升金融体系效率。

三 利用先进技术管理风险

金融机构风险管理存在薄弱环节，有追逐利润最大化的主观动机，但更多的原因还是缺乏有效的风险管理手段。互联网技术可以极大地丰富金融机构的风险管控手段，助力金融机构管理风险。人脸识别（生物识别）、声音识别、互联网身份认证等技术，具有极高的识别准确度，其安全性远大于现行的各种介质性认证和密码类认证，其使用将弥补线下风险控制措施的不足，降低风险识别成本，提高风险识别效率，更重要的是这种可记录、可追溯的方式可以从源头上控制风险的发生。大数据的采集、挖掘、综合与统筹使用将形成多层次的印证体系，帮助金融机构实现风险预判和防范；区块链技术也能够帮助金融机构实现金融业务可控、风险可追溯。

第三节 完善金融监管体系

金融风险内生于金融体系，金融体系具有制造风险的天然属性，随着金融创新速度的提升，金融机构不一定是简单的信息生产者，反而更可能成为复杂化信息、有意或无意隐藏信息、扩张金融风险的始作俑者（何德旭，2018a），因此，在深化金融改革、鼓励金融创新的同时，还应注重防控金融风险，牢牢守住不发生系统性金融风险的底线。监管机构要提升针对金融体系和金融结构的风险监管能力。监管部门风险管理能力表现在行政能力与效率和金融体系风险的分析能力、评估监测能力、控制处理能力上；如果涉及多个监管部门时，就还涉及监管协调与监管资源的整合能力。由于金融系统变化和金融创新不断产生，在分业监管模式下，中央各个监管部门之间、中央与地方监管部门之间，有时会出现权限交叉，有时则出现某些领域的监管真空，因此，防控金融风险就需要"加强金融监管，统筹监管系统重要性金融机构，统筹监管金融控股公司和重要金融基础设施"，以及"统筹负责金融业综合统计"，及时掌握金融风险信息，"确保管理部门把住重点环节，确保风险防控耳聪目明"；监管部门之间应整合监管资源，形成金融发展和监管的强大合力，既要避免监管空白、补齐监管短板，还要避免重复监管、浪费资源。

一 加强金融监管统筹协调

防范金融风险既要守住源头，又要加强监管的分工合作与统筹协调。国务院金融稳定发展委员会的设立有助于解决我国金融监管中的空白和冲突问题。在此基础上，应强化中国人民银行宏观审慎管理和系统性风险防范职责，进一步明确各监管机构的监管职责；在金融管理部门培育形成"恪尽职守、敢于监管、精于监管、严格问责"的监管精神；在机构监管的基础上，更加突出功能监管和行为监管，有效防范监管套利行为，实现审慎目标与效率目标的统一；地方政府也要按照统一规则开展金融工作，落实属地意识和责任意识等。

二 用先进技术优化金融监管

在我国，分业监管虽然有其历史的必然性，也有其独特的优势，但随着金融业混业发展与交叉合作的深化，分业监管确实存在一定的监管真空，加上监管标准不统一，也存在较大的套利空间，因此，极易滋生新的风险。特别是对于交叉性金融，分业监管难以做到专业化，更无法保证监管的效率和效果。互联网技术的发展与应用，为改变这种状况提供了有利条件。监测机构通过金融大数据的采集、整理、挖掘、使用，能够全面、实时监测金融业运行状况，并将监测结果按专业划分给相关监管机构，进而进行专业化的风险化解与处置。从理论上讲，互联网技术既可以在金融机构之间建立互联互通，也可以以较低的成本在金融功能业务之间建立互联互通，还可以实现产业链金融甚至是与经济实体的全流程打通，这就为混业监管、功能监管提供了条件，使在现有分业监管基础上统筹金融风险监测、再实现专业化风险处置成为可能，从而有助于跨行业、跨市场、跨地域的协同监测与管理。

三　关注平台监管

金融平台是互联网时代新的金融业态，是重要的金融交易载体，成为继传统金融机构之后新的风险集散地。而针对这种新兴业态的监管措施还很缺乏。为了避免严格监管措施建立的过程中发生系统性风险，可建立平台自我管理和政府监管相结合的方式。平台在内部风控中应有明确的红线意识，严格按照模型计算的结果进行合规审查，严格执行客户备付金存管、客户触达、客户身份识别以及商户准入审核规则。政府监管部门对金融平台可实行双重监管，即平台业务监管和平台自我管理规则监管。平台自我管理规则监管应是平台监管的重点。因为模型、规则制定好之后，所有的数据处理自动运行，人为干预的成本很高，平台不会轻易进行人工调整。

第四节　用先进技术加固金融安全网

金融安全网是传统金融模式下各国为应对金融危机而设定的制度体

系，是一种市场化的安全措施，有助于减轻系统性风险的影响。一般而言，金融安全网包括宏观审慎监管、最后贷款人、存款保险制度三大制度体系。金融安全网在维护金融安全方面发挥了重要作用，已经成为许多国家维护金融安全的重要手段。互联网时代，金融安全网也应适时调整，突破传统的业务领域，超越金融牌照的狭义束缚，针对互联网时代金融体系及其衍生系统，扩展覆盖范围，以适应新的金融发展形势。一方面，金融安全网的三大制度应将互联网金融机构纳入监管和扶助范围，并依据新情况进行调整；另一方面，纳入互联网金融机构的金融安全网应该使用互联网技术，特别是注重传统金融安全措施与互联网技术的结合。

一　审慎监管

互联网时代，传统的金融牌照已经无法覆盖新的金融业务，如果审慎监管仍然局限于持牌机构，将会屏蔽对许多新风险点的监控，导致风险不可控，因此，应纳入目前金融牌照没有覆盖但已经通过各种方式介入金融业务或与传统金融机构业务交叉频繁的机构。

互联网时代的审慎监管应更加注重技术监测和预判风险。受技术和成本约束，传统的金融监管措施以及金融机构事前准入所依赖的都是金融机构运行的历史数据，很难做到对过程的时时监测，对金融机构事中事后的监管也是风险发生后的补救措施，很难达到预判和防范。为了解决互联网时代审慎监管的滞后性，RegTech（监管科技）被提出并得到了人们的普及认可。RegTech 强调监管机构和金融机构的同步改进，在提升监管机构监管水平的同时，降低金融机构的合规成本，是对原有监管体系的系统性改造。互联网技术是 RegTech 的底层技术。互联网技术带来的网式多点时时链接，为监管机构市场行为监控、法规跟踪的密切监测、时时监测和金融机构数据处理、客户身份识别、压力测试等提供了基础。互联网、大数据、人工智能等互联互通技术，使得数据信息可以时时共享，监管者通过大数据的关联分析即可以预判风险发生的可能性，将监管措施前置，并采取相应的预防措施，最大限度地减少风险损失。

二 最后贷款人

央行通过贴现窗口和公开市场操作等手段提供流动性援助来维护金融体系安全（何德旭、史晓琳，2010），这就是最后贷款人职责。在互联网时代，互联网金融业务在全部金融业务中的比重越来越大，互联网金融机构已经具备了成为新的"大而不能倒"机构的潜力。因此，最后贷款人应将这部分机构纳入监管和扶持范围，并制定新的最后贷款人规则。

在履行最后贷款人职责时，央行要对提交援助申请的金融机构进行风险评估，决定是否给予最后贷款以及给予多少额度。传统的风险评估方法无法全面刻画风险，或者无法监控申请人所面临的全部风险。借助互联网技术，最后贷款人不仅可以获取全面评估的数据信息，还可以根据各方面的数据判断申请人实际需要贷款的额度，有助于提高最后贷款效率。

三 存款保险制度

存款保险由存款保险机构实施，主要通过监管和提供保险支付等手段保护存款人利益、稳定公众信心，进而维护金融体系安全（何德旭、史晓琳，2010）。存款保险制度是金融安全网中最具市场特征的体系，其监管和支付保险更多地采用市场化手段。互联网时代，新的存款类金融机构——互联网银行应运而生，尽管无法开立具有全功能的 I 类银行账户，但其 II 类账户或 III 类账户同样具有吸收存款的功能，同样应纳入存款保险制度的保障范围。存款保险规则也应进行完善，针对不同类型账户制定不同的实施细则。

使用互联网技术有助于提升评估效率和准确度。此外，在大数据分析的基础上，存款保险公司可以根据各家投保机构的实际情况，确定保费标准，实行有差别的保费费率。技术水平不达标是传统金融模式下难以实施差别费率的一个重要原因。随着互联网银行的兴起，为其提供存款保险也需要互联网技术的接入。

第五节　从经济全局管控金融风险

把服务实体经济作为防范金融风险的根本举措。金融是实体经济的血脉，与实体经济互为表里，其盈利最终只能来自其所服务的实体经济。经济的过度金融化或者金融部门的过度膨胀虽然一时绚丽，但过犹不及，因为风险一旦形成就只能转移而不能消灭，仅依靠金融自我循环，总是无源之水、无本之木。只有通过服务实体经济，并在服务中创造价值、获取合理利润，才能实现经济与金融的良性循环和共生共荣。因此，金融部门要贯彻"创新、协调、绿色、开放、共享"的新发展理念，落实供给侧结构性改革的任务，以助力创新创业、助力结构升级、助力动能转换为着眼点，推动实体经济高质高效发展。

一　债券违约风险

第一，明确信用风险缓释工具的资本缓释规则。2018 年 10 月 22 日，国务院常务会议决定设立民营企业债券融资支持工具，以市场化方式支持民营企业债券融资。在监管层的推动下，信用风险缓释凭证（CRMW）的创设提速，10~11 月累计有 30 只 CRMW 完成创设，发挥了缓解民营企业融资难、融资贵问题的积极作用，11 月以来中低评级主体的信用债净融资额明显增加。我国的信用风险缓释工具早在 2010 年就已诞生，但在 2010 年 11 月至 2011 年 3 月共计发行了 9 个 CRMW 产品后创设陷入了停滞，主要是受当时国内债券市场刚兑的环境和风险资本管理的相关要求并未完全明确的影响。

明确信用风险缓释工具的资本缓释规则有助于增强 CRMW 对民企融资的支持力度。我国现行的《商业银行资本管理办法（试行）》并未对信用风险缓释工具资本缓释的规则进行明确，商业银行进行 CRMW 投资不能起到缓释资本的作用。一是投资债券以交易为目的时，标的债券与对应的 CRMW 均计入交易账户。CRMW 可以对冲标的债券的部分一般市场风险，但在计量特定风险时由于 CRMW 不能被认定为合格证券，所计提特别风险远高于其所能对冲的一般市场风险资本，购买 CRMW 不能达到资本缓释的目的。二是购买债券以持有至到期为目的时，标的债券与对应的 CRMW 均计入银行账户。CRMW 仅在内部评级法下可被认定为合格缓释物，权重法下不能认定为合格缓释物。但当前我国除几家大型商业银行以外，多数银行资本计量仍在使用权重法，CRMW 的资本缓释作用难以实现。而美国、英国等国际成熟市场已经认定权重法下合格信用衍生工具的资本缓释作用，并且对内评法下合格信用衍生工具实现资本缓释的操作要求都有明确的规定。明确信用风险缓释工具资本缓释的相关制度和具体操作要求，可以使信用债主要投资方商业银行通过购买 CRMW 实现资本缓释、提高投资收益，提高商业银行购买 CRMW 及其标的债券的积极性，从而能够更大程度地发挥信用风险缓释工具解决民营企业融资难、融资贵问题的作用。

第二，鼓励商业银行加大信贷投放的力度。商业银行的信贷投放普遍具有逆周期性，在当前经济下行压力加大的情况下，商业银行的风险偏好降低，放贷意愿不强，定向降准释放的流动性滞留在金融机构体系内。可通过加强对商业银行信贷投放的窗口指导、适度修订监管考核指标的方式引导商业银行向需要重点支持的领域和企业进行信贷投放，在一定程度上缓解企业的融资压力，疏通货币政策的传导机制。

第三，将"实施更大规模的减税降费"落到实处以减轻实体企业负担。在当前经济下行压力加大、市场激烈竞争的情况下，税费负担过重增大了企业的经营压力，通过减税降费可以切实改善企业的经营环境。一方面，减税降费能够降低企业税费负担，降低企业经营成本，缓释企业因自身盈利能力下滑导致资金链断裂引发债务违约的风险；另一方面，减税降费可增强企业的获得感，稳定企业发展预期，推动企业进行转型升级以持续改善企业盈利能力、激发市场活力。据税务总局统计，自 2018 年 5 月 1 日增值税改革三项减税举措实施以来，前 10 个月增值税减税 2980 亿元，切实减轻了企业的负担。下一阶段，要将中央经济工作会议提出的"更大规模减税、更明显降费"真正落到实处（不是仅停留在口头上，更不是名减实增），更大力度地施行鼓励研发创新、支持小微企业发展的税收优惠政策，以改善企业经营环境，激发企业活力，促进实体经济稳步发展。

二　股权质押风险

第一，建立并完善股权质押规模和个股股权质押履约保障比例的监测及预警机制，加强风险揭示和预判，对全行业股权质押规模进行压力测试。

第二，除目前出台的扶持民企融资举措等临时性措施外，政府还需要结合经济结构调整和产业转型升级，解决上市公司经营困难，缓解民营企业融资压力，多渠道并举增加对民营企业的资金支持。

第三，以市场化原则选择投资标的，对信息进行及时充分披露，遵循"救急不救穷"的原则，即不以慈善的目的纾困，所投项目一定是优质标的；完善监管制度，监管部门应该对纾困基金的多个环节进行依法监管；除遵循"救急不救穷"原则外，纾困还需遵循法制化原则，避免道德风险。

三　房地产企业债务风险

由于我国房地产企业对金融业具有较高的依赖性，房地产市场的剧烈波动风险就更加容易转化为商业银行信贷风险，从而使我国宏观经济面临潜在的金融风险。为此，针对房地产企业债务风险上升的突出问题，可从如下几个方面着手。

第一，完善房地产资产评估系统，加强房地产企业信贷领域风险管控。房地产信贷的稳定持续投放是房地产市场及银行系统健康发展的重要前提条件，但目前房地产信贷往往将房地产的现价作为评估依据。未来要逐步建立并完善房地产资产评估系统，客观评价房地产资产的真实价值及房地产市场发展走势，防止房地产市场的过度扩张和收缩对金融系统造成不良影响。建议土地储备自有资金与信贷投入比不得低于40%，房地产企业投资与信贷投入比不得低于40%，并同时完善房地产企业信用体系记录，加强金融业自身的风险控制，有效防范与规避房地产企业债务风险对金融业和宏观经济造成的潜在影响。

第二，优化房地产企业融资结构，促进市场融资渠道多元化。未来在收紧商业银行对房地产企业信贷规模的同时，还必须为房地产企业创造新的融资渠道，通过房地产融资渠道多元化来实现有效的风险分散，用以解决当前过于依赖银行信贷资金的问题。政策层面也应及时调整并顺势而为，将房地产企业融资结构优化纳入房地产稳健发展的长效机制建设之中，有效扩大直接融资比重，促使房地产资本市场融资特别是股票市场融资步入规范化轨道。尽快明确恢复股票市场对房地产企业的正常的融资功能，放松相应的政策管控，特别是对房地产企业IPO开闸放行。同时也可以有效吸纳房地产信托、基金以及外资对房地产企业的融资支持。

第三，推进房地产资产证券化，有效防控房地产企业金融风险。与国外成熟的资产证券化市场和模式相比，虽然国内市场还处于初级阶段，制度和政策法规仍需逐步完善，但近年来我国房地产资产证券化市场蕴藏着较大潜力。从目前来看，房地产金融的主要风险表现在融资结构过于集中于信贷领域、房地产信贷的期限错配风险、房地产信贷的利率风险以及房地产信贷的违约风险。加快推进房地产资产证券化步伐，有利于房地产企业构建良好的运营机制，房地产企业也可以利用证券市场的功能，较大程度地增强资产流动性，为房地产企业开辟新的融资渠道，使房地产金融市场呈现除商业银行、股票市场、债券市场的融资以外，信托、基金和房地产信托投资基金（REITs）共同发展的多元化格局。同时抵押贷款、有限合伙、信托投资基金、住房公积金、物业费收

入和棚户区改造贷款等各类资产参与到房地产金融市场体系中，将起到
分散房地产企业经营、融资风险的作用。

第四，加快房地产企业转型速度，实现稳健均衡发展。一是需要将
企业战略从单纯扩大规模向高品质、高溢价的可持续发展战略转变。通
过高周转"攻城略地"并不能成为房地产企业长期可持续的发展战略，
逐渐变窄的市场空间使得高周转的纯扩张策略必将以高负债和高风险收
尾。二是大力推进产品多元化战略，包括房地产产品细分市场的多元化
以及房地产企业跨行业和区域的多元化运营模式，这样可以有效分散经
营风险、增加持续盈利能力。三是要加大对房地产企业发展的引导力度
并不断提高监管效率。未来随着行业集中度的加剧提升，大型房地产企
业将更多地利用市场份额的优势更多地获取品牌溢价，而对于在洗牌中
幸存下来的中小房地产企业来说，转型发展独具特色的产品或房地产周
边行业，无疑将是其避开竞争风险、获取生存空间的更有效路径。为
此，监管机构要通过融资企业的资质以及资金的用途，来进一步监管和
规制各类房地产企业的融资行为，进而实现房地产市场的稳健均衡可持
续发展。

四　贸易摩擦风险

虽然适度的货币贬值可以在一定程度上缓解美国政府加税引起的出
口冲击，但也面临一些突出的问题：一方面，容易导致更大的贬值预
期，进而冲击人民币汇率及国内金融市场；另一方面，美国政府已经开
始将矛头对准中国和欧盟的汇率，认为中国政府在操控汇率，并威胁将
中国界定为外汇操纵国，有可能采取更多的报复措施。因而需要更加审
慎地实施汇率政策。

第一，尽力管控中美贸易摩擦，尽可能将风险控制到可控范围。目
前，中美贸易摩擦及美国的征税要求还不会有特别大的影响，而且美国
政府的政策短时间内难以改变，中国与美国的实力显然难以形成抗争，
因而需要从长计议，谋求从贸易中获取长期的收益。事实上，虽然中国

与美国贸易摩擦不断，但相比而言，中国的处境并不算特别艰难，目前也仅仅在关税层面，远远好于其他被美国实质性制裁的国家。所以，应将更多的精力用于苦练内功，真正实施改革的各项举措，推进全面开放，提高自身的竞争力，主动应对贸易纷争。

第二，汇率层面，高度提防人民币大幅度贬值，避免形成人民币大幅度贬值的预期。根据购买力准则，应该可以接受人民币贬值到一定水平，有效缓解国内通货膨胀压力。

第三，采取更谨慎的监管措施，防止大范围的资本外流。鉴于人民币汇率目前的状况，有必要对大额度的资本外流采取更多的管制，防止金融机构层面的资本外逃。但在居民层面，不宜过多干预小额的资本流动需求，避免引起一般居民的负面预期。

第四，合理引导预期，避免过激的导向，特别是要防止形成"自我强化"的不良预期及恐慌局面。需要强调中国的实际，减少产生过激的情绪与非理性的论调。在金融层面，更客观地阐释潜在的风险，同时，宣扬中国的应对能力和发展后劲。在政策层面保持定力，引导社会形成稳定的预期。

第五，重点盯防国际金融风险，避免过度刺激经济，逐步缓解前期积累的金融风险。其一，仍然需要应对可能的国际经济十年左右的周期，提防外部冲击和大的风险。经济周期规律仍会起作用，因而大的国际风险仍然需要重点盯防。其二，需要容忍经济下行的实际。将近几年定位为经济不太景气的时期，容忍更低的经济增长率。其三，政策上应从紧。在经济下行压力下，需要从长计议，提高容忍度，不为市场所左右，更不能采取进一步扩张的办法，进一步的宽松货币或者变形的扩张政策都会进一步加剧金融风险。其四，逐步"排雷"和化解前期累积的风险，用更多的时间和精力解决此前遗留下来的高债务、高货币存量、高房价、高杠杆等问题。

第六节　构建逆周期监管架构

从中国银行业逆周期监管的制约因素可以看出，监管漏洞与空白是当前影响逆周期监管工具发挥作用的关键，本质上则是监管架构上权责划分不合理所致。国内学者、金融从业者、政府官员等各方整合银行业、证券业、保险业监管资源，构建跨机构监管体系，扩大宏观审慎监管覆盖，完善地方政府参与金融事务管理机制，等等。金融监管体制在改革方向上已基本取得共识。

一　逆周期监管架构模式

学术界对新的监管架构改革路径及优化目标也提出了诸多设想，但细节上存在较大的差异。归纳起来，主要有四种模式。一是"委员会＋一行三会"模式，即国务院设立金融稳定委员会，加上"一行三会"①，"一行三会"的负责人均参加金融稳定委员会，金融稳定委员会建立定期交流机制，统筹拟定监管政策措施，分解落实任务。二是"央行＋金融监管委员会"模式，即合并"三会"为国家金融监管委员会，在委员会内部设立综合性金融监管单位，承担跨业宏观微观审慎监管及消费者金融保护职责；中国人民银行保持现有职能基本不变，专注于制定并执行货币政策，在存款保险制度的基础上，牵头搭建问题机构特殊处置机制。三是"央行＋行为监管局"模式，即撤销现有的"三会"，将审慎监管职能并入央行，成立独立的行为监管局。在重组后的中国人民银行内部设立相对独立的货币政策委员会、金融稳定委员会和审慎监管局，分别履行制定和实施货币政策、宏观审慎监管、微观审慎监管职能。同时，中国人民银行负责向金融市场提供基础设施并开展金

---

① 目前，国务院已经设立金融稳定发展委员会，银监会与保监会合并为银保监会，"一行三会"变为"一行两会"。这里仅展示相关设想，介绍和比较不同模式的特点与优劣，因而沿用"一行三会"的说法，不影响设想与研究结论。

融综合统计。四是"央行＋审慎监管局＋行为监管局"模式，即中国人民银行负责制定和执行货币政策，制定宏观审慎政策，对系统重要性金融机构、金融控股公司和重要金融基础设施进行监管，并开展金融综合统计；合并"三会"组建审慎监管局，负责系统重要性金融机构以外的机构的微观审慎监管；集中目前"一行三会"中的投资者保护和消费者权益保护力量，组建独立的金融行为监管局，负责金融行为监管和金融消费者权益保护。

上述监管框架改革设想的主要差异在于各项监管权责在中央部委间的横向配置（见表 6－1），其改革成本也有明显的差异。这些改革设想本质上均是金融监管制度供给曲线上不同改革成本项下的离散点，但目前尚难以通过实证或其他方式证明哪一种方案是中国银行业监管制度的均衡点或接近均衡的点。实际上，各种方案在改革操作、权责配置、运行机制上均存在不同的障碍：模式一的改革力度最小，但存在宏观审慎与微观审慎监管割裂、跨机构宏观审慎监管难以大规模开展、部分领域监管职责不明确等问题；模式二中各部门监管职责分工明确，但也面临货币政策与宏观审慎监管协同的难题；模式三导致央行权责过于集中，难以实现对货币政策和专业监管的兼顾；模式四导致宏观审慎监管和微观审慎监管人为割裂，不利于宏观审慎和微观审慎的协调开展，且央行权责过于集中。

表 6－1　各种改革模式下金融监管权责横向配置

	货币政策	宏观审慎	微观审慎	行为监管	特殊处理	基础设施
模式一	金融稳定委员会＋央行	金融稳定委员会＋央行＋三会	三会	三会	不明确	央行
模式二	央行	金融监管委员会	金融监管委员会	金融监管委员会	央行	央行
模式三	央行	央行	央行	行为监管局	央行	央行
模式四	央行	央行	审慎监管局	行为监管局	央行	央行

资料来源：根据相关资料整理。

二　逆周期监管架构优化目标

实际上，欧、美各国银行业监管制度改革也不是一步到位，而是以强化宏观审慎监管为目标、制定改革蓝图、逐步完善组织架构，最终达到与本国银行业发展实际情况相适应的监管制度供给稳态。但在中国，行政文化、银行行业发展状况与欧美各国存在明显的差异，中国银行业监管体制改革不宜照搬照抄国外经验，应该根据当前银行业监管体制的实际情况，根据制度变迁的路径规则来优化银行业监管组织架构，在不断试错过程中逐步靠近制度供求均衡点。

强化宏观审慎监管功能，建立跨时间、跨机构、跨市场维度的审慎监管体系是中国银行业监管体制改革的终极目标。在制度均衡点暂时不可循、不可测的情况下，应细化监管体制改革的具体目标，建立需求导向的制度供给机制。结合前文的分析，中国银行业监管体制改革应实现以下具体目标。其一，实现跨机构类别的宏观审慎监管。中国人民银行和银保监会均在现有职责范围内探索宏观审慎监管的有效工具，但银行业同业、表外、资管等业务的发展降低了审慎监管工具的作用效果。因此，必须打破银行业、证券业、保险业监管板块划分，将宏观审慎监管的触角延伸至全金融领域。其二，推动监管功能配置合理化。宏观审慎监管与货币政策既要发挥协同作用，又要保持适度的分离，但在当前中国行政部门内部权力序位观仍然比较浓厚的情况下，中国人民银行内设宏观审慎监管委员会难以相对独立开展运作，有必要单设部门负责宏观审慎监管，但需保障宏观审慎监管与货币政策在强有力的统一协调机制下运行。宏观审慎监管与微观审慎监管在具体实施过程中难以完全分离，宏观审慎监管的落地往往需要以微观审慎监管为基础。问题机构特殊处置机制是防范道德风险、切断个体风险向系统性风险转化的重要制度安排。其三，保障监管部门获得与履行职责相匹配的资源。"一行两会"中绝大多数人员集中于中国人民银行，而"两会"承担着数量众多金融机构的具体监管事项，人力资源配给与职能履行的需求不匹配。

同时要注意数据信息资源与监管责任、资金实力与风险处置责任的匹配。其四，建立地方政府参与金融事务的适当机制。从欧美主要国家的情况来看，国土面积越广阔的国家，内部区域金融的差异越明显，越需要地方政府参与金融事务的管理，而中国国土面积辽阔，地区间发展差异明显，区域间银行业发展程度差异较大，中央政府统一的监管难以覆盖银行业全部活动，需要通过合理的纵向权责配置调动地方政府的积极性，形成监管合力。

三　逆周期监管架构优化办法

基于这一具体目标，中国银行业监管架构的优化立足"一行两会"的体制基础，借鉴欧美国家银行业监管制度改革的做法和经验，沿着制度变迁路径逐步完善监管组织架构，优化监管权责纵向、横向配置，逐步调整监管资源的配置格局是保障经济金融稳定运行、实现新旧监管机制有序过渡的最佳方式，也是达到或接近制度均衡点的最佳路径。

第一，建立过渡阶段功能监管组织，整合监管资源（见图 6-1）。国务院金融稳定发展委员会下设宏观审慎、微观审慎、行为监管等过渡阶段功能监管部门，有计划、分步骤地从"一行两会"中抽调人员充实过渡阶段功能监管组织的监管力量，逐步建立起过渡阶段功能监管组织的运作机制，推动过渡阶段功能监管组织逐步按照相关的功能建立跨机构、跨时期、跨市场的监管体系。同时，金融稳定发展委员会加强对"一行两会"及过渡阶段功能监管组织的领导和协调，推动货币政策、宏观审慎监管、微观审慎监管、金融行为监管机制的畅通运行。[①]

第二，成立金融监管委员会，完善监管功能分工（见图 6-2）。上述过渡阶段功能监管组织运行一段时间以后，裁撤"两会"并将相关

---

① 2017年7月14日至15日，全国金融工作会议在北京召开。会议提出，设立国务院金融稳定发展委员会，强化中国人民银行宏观审慎管理和系统性风险防范职责。地方政府要在坚持金融管理主要是中央事权的前提下，按照中央统一规则，强化属地风险处置责任。这是过渡阶段建立和完善金融功能监管组织、整合金融监管资源的重要举措。

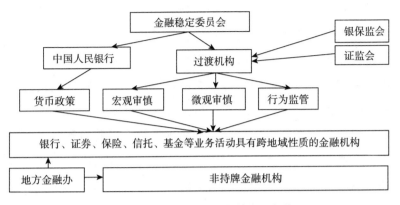

图 6 - 1 过渡阶段金融监管组织架构

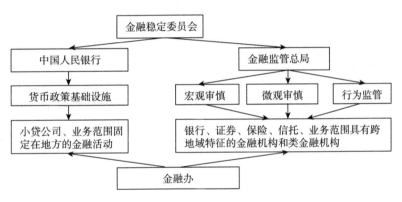

图 6 - 2 中国金融业监管功能配置

人员整体并入过渡阶段功能监管机构，从中国人民银行进一步抽调人员充实过渡阶段功能监管机构，确保过渡阶段功能监管机构获得与履行监管职责相匹配的人力资源，进一步完善过渡阶段功能监管机构组织体系、管理机制和内部职责分工，并在此基础上成立金融监管总局。金融监管总局下设宏观审慎监管局、微观审慎监管局、金融行为监管局，分别履行对全部金融机构的宏观审慎监管、微观审慎监管、金融行为监管职能。宏观审慎监管为功能监管机构，其派出机构延伸至省一级，负责影响整个金融体系稳定的金融活动监管；微观审慎监管局派出机构设至地市、县一级，按照"管法人"原则负责单家金融机构的微观审慎监管；金融行为监管局保持相对独立运作，派出机构设至县区一级，负责全部金融机构的业务合规性督查、消费者保护等事宜。

第三，进一步完善中央银行功能，提升监管协同性。进一步明确中国人民银行制定并施行货币政策、提供金融市场基础设施、提供金融监管基础数据保障、问题机构特殊处置等功能定位。中国人民银行可以在存款保险机制的基础上，探索扩大风险缓释、保障机制的应用范围，逐步实现全金融机构的覆盖；制定一整套规章体系，明确问题机构特殊处置的标准、流程、责任分工、保障措施，为整个金融体系建立风险缓释和隔离机制。继续保留金融稳定委员会，负责协调货币政策、宏观审慎监管、问题机构特殊处置管理，进一步发挥监管协同作用。

第四，强化立法保障，推动监管上下联动。根据金融监管架构改革目标，修订完善金融法律法规，充分保障金融监管部门的执法权和延伸调查权。同时，以立法的形式赋予省、市地方政府在公司治理框架内参与管理不吸收公众存款且业务模式单一、业务范围固定的金融机构和金融活动，提高地方政府参与管理金融事务的积极性，形成上下联动合力，提升监管效率。

专 题 报 告

专题一　"包商银行事件"评析

由于包商银行出现了严重的信用风险，2019 年 5 月 24 日，中国人民银行、中国银行保险监督管理委员会联合发布公告，决定对包商银行实行接管。作为近 20 年来第一家被接管的商业银行，"包商银行事件"的影响值得高度重视。

第一节　典型事实

一　公司治理失效

包商银行的大股东是明天集团，该集团合计持有包商银行 89% 的股权。由于包商银行的大量资金被大股东违法违规占用，形成逾期，长期难以归还，导致包商银行出现严重的信用危机，触发了法定的接管条件被依法接管。

二　大量关联交易，造成严重风险

从贷款集中度来看，2016 年末，包商银行前十大贷款人的贷款合计 106 亿元，占资本净额的比重为 28%。前十大贷款人中，已有 5 家公司为法院失信被执行人或与银行存在贷款纠纷，其中，北京万方恒泰资产管理有限公司和北京正和鸿远置业有限责任公司由"包商银行工会委员会"控股，可能是股东的壳公司。从非标业务的合作机构来看，该行合作的信托公司，包括新时代信托等明天系金融机构，存在明显的股东关联交易情况。

三 资本充足率早已跌破监管要求

根据包商银行披露的财务报告，其资产增速最快的年份分别是 2014 年和 2017 年。其中 2014 年全年资产增速达 28.99%，资产充足率由 2013 年末的 12.05% 下降到 11.19%，比城市商业银行（以下简称城商行）平均水平低 1%；2017 年前三季度资产增速达 43.34%，而资本充足率从 2016 年末的 11.69% 下降到 9.52%，已无法满足过渡期 10.1% 的监管要求。

第二节 深远影响

一 高流动性资产首当其冲

"包商银行事件"发生后，高流动性资产反应最为迅速，国债收益率不下反上。数据显示，宣布接管包商银行是在 2019 年 5 月 24 日（周五）交易结束后，其之后的第一个交易日（5 月 27 日），10 年期国债收益率不下反上。折射出在流动性恐慌情况下，机构特别是开放式的货币基金为应付赎回压力率先抛售高流动性资产的行为特征。之后，在央行的流动性投放下，国债收益率出现下行。

二 中小商业银行将面临持续性的挑战

短期面临到期同业存单的平补问题。2019 年 5 月下旬，同业存单发行出现了"量缩价升"的局面：中低评级同业存单实际发行规模和发行成功率（发行规模/计划发行规模）下降，城商行、农村商业银行（以下简称农商行）发行利率上行。进入 6 月以来，同业存单发行市场逐步有所回暖，但是中低评级（AA 级以下）银行同业存单发行依然不乐观。从价格来看，中小银行同业存单发行不容乐观。数据表明，进入 6 月，城商行、农商行同业存单发行利率上行显著，与股份制银行利差有所走阔，尤其是城商行与股份行发行利率的利差（1 年期）达到了年内的最高水平。从 6 月同业存单到期情况来看，中小银行存在结构性缺口。从总量上看，数据显示，自 2018 年第四季度以来，新发行同业存单具有明显的跨 2019 年半年末时点的"超募"特点。2018 年第四季度以来的超募资金中，可以覆盖 2019 年半年末时点的资金量超过 1.8 万亿元，从量上基本可以平补 6 月到期的同业存单量 1.7 万亿元。银行"提前"吸收跨半年末资金，或对于本次半年末时点流动性的稳定形成一定的支撑。但是从结构上看，AAA 品种超募情况较为乐观，同时由于目前 AAA 发行情况良好，压力较小；而中低评级存在结构性缺口，考虑到当前中小银行同业存单发行难度依然较大，面临一定的流动性补充压力。为缓解当前同业存单到期压力，央行仍然需要有针对性地对中小银行定向进行流动性注入。而这种注入不能仅仅度过 6 月末，而是需要覆盖先前同业存单所支撑的资产到期。

长期则面临缩表压力。虽然在接管包商银行之后，监管部门一再重申，其他机构不会再被接管，央行甚至还为一些银行的同业存单发行提供增信。短期市场的确认为不会再出现问题，但在更长的时间里呢？因此，必然会发生的事实就是：包商银行事件发生后，各金融机构开始排查交易对手方的信用状况，对中小银行收紧同业授信、减少资金融出。不仅如此，之前不少投资机构基本上认为商业银行资本债券不会违约，而经过此次事件，中小银行的资本债券发行也会更加困难。一句话，中小商业银行短期融资有所缓解，但获得长期限融资依然困难；在负债和资本补充难度提高的情况下，中小商业银行未来必定面临缩表压力。中小金融机构是小微企业贷款的主力军。2018 年末小微企业贷款余额中有 25% 来自城商行，有 28% 来自农商行。未来还需重点关注中小银行负债增长放缓对小微企业融资乃至就业的负面影响。

三 信用利差可能显著扩大

中小商业银行的流动性压力逐步向非银行金融机构传导。目前的金融市场上，国有控股商业银行和股份制商业银行是主要的资金融出方，中小商业银行和非银行金融机构、各种金融产品是资金的融入方。而中小商业银行往往承担了资金从大行到非银机构/产品的"通道"角色。央行向市场投放资金时，通常是从大行融出至中小型银行，再由中小型银行融出给非银机构/产品。一旦中小银行这个资金流转中间环节出现问题，非银机构感受到流动性紧张就在所难免。一方面是中小银行没钱出给非银机构；另一方面是收缩了对非银机构的授信、提高了对抵押品的要求。从市场表现来看，近期非银机构跨月资金融入成本快速上升。非银机构融资成本上升甚至出现融资缺口，或倒逼其不计成本地抛售所持有的信用债（高流动性国债已先被抛掉），由此导致信用利差显著扩大。由此，一方面也会在更多范围内令投资人出现损失，影响投资信心；另一方面将影响企业债券市场的一级发行定价，使之前刚刚略有缓解的民营企业和低评级企业融资难再度被逆转。

四 票据市场面临不可逆的改变

按照上海票据交易所（以下简称票交所）规则，票据到期，承兑行应付款；若承兑行不付款，系统将自动从贴现行扣款，贴现行再向承兑行等进行追索，对于持票人而言，票据资产存在"双保险"。"包商银行事件"发生后，票交所暂停了包商银行承兑票据的到期系统自动扣款，意味着包商银行不全额付款、贴现行也不直接付款，而转为线下追索。规则或将带来市场对于票据资产的重新定价，大银行、股份制银行承兑的票据接受度更高，中小银行承兑的票据流动性可能受到影响。

从票据市场的结构来看，票交所公布的数据显示，承兑量方面，2019年第一季度，大型商业银行承兑量为9627.4亿元，占比17.9%；股份制银行为2.35万亿元，占比43.6%；城商行为1.42万亿元，占比26.3%；农村金融机构为3181.5亿元，占比5.9%。贴现量方面，2019年第一季度，大型商业银行贴现量为8100.3亿元，占比22.7%；股份制银行贴现1.4万亿元，占比41.3%；城商行为7532.0亿元，占比

21.1%；农村金融机构为 3884.9 亿元，占比 10.9%。

数据表明，无论承兑还是贴现业务，城商行、农村金融机构、财务公司的合计占比均达到 30% 以上。中小银行票据承兑业务与中小企业经营联系较为紧密，因此，若未来市场对于票据资产重新定价，则中小银行承兑票据一方面面临贴现利率信用利差走阔的压力，另一方面其市场流动性将显著变差。据了解，"包商银行事件"发生后，信用等级较低的银行承兑汇票流动性一度被冻结。这种影响进而可能削弱中小银行通过票据业务支持中小企业发展的能力，进而传导至企业端。

第三节 若干启示

一 紧紧抓住有效的公司治理这个最重要的风险防线

有效的公司治理是风险最重要的防线。"包商银行事件"本质上是公司治理出现了问题，并非媒体大量炒作的所谓同业业务等等之类（最传统的贷款业务前十大贷款人有五家被列为失信人或与银行存在纠纷）。商业银行必须进一步完善公司治理并切实发挥效力。同时，监管部门必须强化监管，提高监管的质量和效率。

二 对商业银行问题的处置要及时并精心选择处置方式

根据包商银行自己披露的财务报表，其 2016 年末资本充足率就已跌破监管线。如果那个时候进行检查、整改并敦促股东注资，那么可能能够避免问题恶化到如此程度。目前，我国仍有一些中小商业银行资本充足率未能达到监管要求，建议及时进行检查、督促充实资本，或者启动并购进程，及时平稳化解风险。

三 流动性"维稳"要实现全覆盖，避免出现盲区

流动性"维稳"的盲区可能出现在两个方面：一个是不同机构之间，另外一个是不同期限之间。对于前者，理论上央行可以直接覆盖全部银行

机构，只要反应及时，不会出现大的问题。但要注意地方中小银行遇到紧急流动性需要时可能信息无法迅速汇集并及时上传，所以，建议授权地方人民银行在紧急时刻允许中小银行透支准备金，事后及时报备。还需要特别关注的是非银机构（券商、基金等），目前央行缺乏直接顺畅的流动性注入渠道，而高频开放的货币市场基金又特别容易出现因赎回而诱发的"挤兑"。基于此，央行可以考虑将三方回购的中央对手方机构（中国证券登记结算公司）纳入公开市场操作对手方，必要时由其向需要紧急流动性的券商和基金提供流动性。目前虽然有了非正式的支持"头部券商"向其他机构融资的方案，但显然"头部券商"并不如中央对手方具有公信力，其也未必愿意承担向其他机构融资的风险，因而其对流动性紧张的舒缓效果还需要观察。这个方面如果处理不好，就可能出现债券、股票市场之间的联动共振。在未来，应考虑完善制度，将质押式回购更改为买断式回购。对于后者，虽然短期流动性会因央行的操作、政策部门表示不会再有其他机构被接管而平复，但长期限流动性仍然是一个问题。如果流动性的注入不能与其所支撑的资产期限相匹配，那么最终就可能出现从国债、政策性金融债和同业存单这些高流动性资产到信用债、资产证券化、股票质押等资产的抛售，二级市场价格的显著下跌必然会对一级市场构成影响。因此，在流动性注入时，必须高度关注期限问题。

四 建立阻断银行风险传染的制度

早期商业银行的倒闭，主要源于储户的挤兑，这直接导致全球主要经济体总结经验教训，出台了存款保险制度。而在现代金融体系中，"挤兑"的主体已不再是储户，而是金融机构。由此，需要反思的是，在此次"包商银行事件"接管中规定"对公债权人先期保障比例不低于80%，同业机构不低于70%"，这很可能使金融机构在金融动荡中的"挤兑"行为更加突出，反倒会加剧金融风险的传染。建议未来要更多考虑如何避免金融机构之间的挤兑。在具体措施上，对于接管而不是破产的金融机构，建议对金融机构间1年以内到期的交易给予全额偿付。

专题二 地方政府债务风险评析

习近平总书记多次强调"稳妥处理地方政府债务风险",要"分债务类型提出不同要求"。从 2014 年发布《关于加强地方政府性债务管理的意见》开始,我国各级政府在防范化解地方政府债务风险方面做出了诸多努力,取得了较大的成效,但仍有部分省(区、市)的地方政府债务存在一定风险。

地方政府债务需由一定经济增速带来的财政收入偿还,用地方政府负债率(参考欧盟对其成员国不超过 60% 的标准及我国的平均水平,分为高、中、低三档)、地方经济增速(参考全国平均增速,分为高、低两档)构建双重维度指标,这样,理论上可将地方政府债务风险分为六种类型。现实情况下,高负债率-低增长型基本上不存在,中等负债率-高增长型、低负债率-高增长型和低负债率-低增长型的风险相对较低,需要高度警惕的是高负债率-高增长型(也可称为负债高企型)和中等负债率-低增长型(也可称为经济失速型)的地方政府债务风险。

根据不同的债务风险类型,需分别施策化解地方政府债务风险。

第一节 负债高企型:实施财政重整计划

负债高企型,也即高负债率-高增长型和高负债率-低增长型,指的是负债率不低于欧盟对其成员国 60% 的标准、经济增速高于或低于全国平均水平的省区市，这一类型的地方政府债务风险本身就偏高。根据财政部公布的 2018 年地方政府债务数据，符合这一条件的有青海和贵州，其负债率分别为 61.54%、59.66%（即将超过标准）。尽管贵州经济增速居于全国首位，但面对经济不断下行的压力，贵州的经济增长可能无法完全覆盖 8834 亿元的债务负担。

针对负债高企型地方政府债务风险，重点在于"开源节流"，实施财政重整计划。目前我国已按国际惯例将地方政府债务纳入预算管理，且实施限额管理。对于负债高企型的省区市，除了更为严格地限制地方政府债务额度以外，更要主动作为，降低地方政府债务风险。一方面，实施"开源计划"。梳理税费征收，暂时停止部分税收优惠，清缴欠税欠费；处置政府经营性资产、国有股权，变现还债；省级政府建立特别偿债基金，财政特别困难的市县级政府可向省级政府申请不超过当年应偿债务 50% 的救助。另一方面，推动"节流计划"。扣除政府运转和必要民生支出，压减基本建设支出，严格审批新项目；压减"三公"经费支出，减少劳务咨询费和差旅费支出；压减人员福利支出，暂停招聘，核减编制和人员，减少甚至取消外聘人员支出；压减补助支出，尤其是对各类企事业单位的非民生类补助。

第二节 经济失速型：完善风险预警机制

经济失速型，也即中负债率－低增长型，指的是负债率介于我国平均水平与欧盟对其成员国 60% 的标准之间、经济增速低于全国平均水平的省区市，这一类型的地方政府债务具有较大的风险。根据财政部公布的地方政府债务数据，符合这一条件的有天津、内蒙古、辽宁、吉林、黑龙江、海南、重庆、甘肃、新疆 9 个省区市。这些省区市的负债率水平中等，但是经济增速下滑过于明显，如海南负债率为 40.18%，排在全国各省区市第三位，但其经济增速只有 5.8%；再如天津经济增速只有 3.6%，辽宁、吉林和黑龙江分别仅为 5.7%、4.5%、4.7%。从未来趋势看，这一类型的地方政府债务仍然存在较大的风险。

针对经济失速型地方政府债务风险，建议完善风险预警机制，尤其是要增加与经济增速相关的预警指标。目前已有的预警指标包括债务率、新增债务率、偿债率、逾期债务率等，就债务论债务，债务风险事件级别的认定也只是就应偿债务本身做出不同的划分。可以考虑增加一些与经济增速相关的预警指标，充分反映地方政府债务的使用效率。衡量债务使用效率时，可增加债务项目的投入产出比、民间投资增速与债务增速比等作为预警指标；衡量偿债能力时，可增加具备自我偿债能力债务占总债务比、GDP 增速与债务增速比、可担保地方财力比重、地方财政收入增速等作为预警指标。针对预警指标的轻重划分，各省区市地方政府可根据经济发展水平、负债情况等，制定差异化的标准。

第三节　无风险类型：适当提高债务限额

无风险类型，也即中等负债率－高增长型、低负债率－高增长型和低负债率－低增长型，指的是负债率低于我国平均水平以及负债率虽介于我国平均水平与欧盟对其成员国 60% 的标准之间但经济增速高于全国平均的省区市，这一类型的地方政府债务基本无风险。根据财政部公布的地方政府债务数据，符合这一条件的有云南、宁夏、山东、浙江等20 个省区市。其中，云南负债率为 39.93%，不过其经济增速高达8.9%；宁夏负债率为 37.49%，但经济增速也有 7%；山东经济增速虽然只有 6.4%，但其负债率仅有 14.96%。

针对无风险类型的地方政府债务，建议适当提高地方政府债务限额，全面展开专项债券与项目资产和收益相对应的发债机制。面对国内外风险挑战明显增多的复杂局面，国内经济下行压力加大，应适时适度实施宏观政策逆周期调节。可以考虑适当提高地方政府债务限额。对云南、宁夏、广西、陕西、湖南、四川、安徽、江西等中等负债率的省区市，参照经济增速增加地方政府债务限额；对北京、上海、江苏、浙江、广东等省区市，下一年度地方政府债务限额可在现有基础上扩大一定比例，限额的上限为保持负债率在全国平均水平以下。全面展开专项债券与项目资产和收益相对应的发债机制。目前我国已经建立土地储备、政府收费公路领域的专项债券发行机制，这是对专项债券与项目资产和收益相对应的发债机制的有益尝试。应继续扩大试点，在有稳定收益的自然资源等领域继续推行这一做法。

专题三　房地产企业债务风险评析

近一个时期以来，在中央和地方政府及相关部门不断释放稳定市场预期的坚定信号、财政金融宏观政策等共同作用之下，房地产市场供需两端逐步回归理性。然而，由于长期以来我国房地产行业的高杠杆驱动，即便是在多数行业杠杆率不同程度下降的背景下，房地产企业的高杠杆运行模式仍未得到显著改观。我国房地产企业面临的债务风险，亟须在未来市场调控中引起重视关注。当前我国房地产企业面临的突出债务风险，主要体现在如下几个方面。

第一节　高杠杆模式运行

如专题图 3 - 1 所示，自 2008 年全球金融危机以来，工业企业的资产负债率有所降低。而与此同时，房地产开发企业资产负债率则从 2008 年的 72.3% 低点逐年攀升至 2017 年的 79.1%，远远超过 40% ~ 60% 的合理区间。如专题图 3 - 2 所示，从沪深两市上市房地产企业的资产负债率来看，多数内地上市房地产企业的资产负债率分布在 42% ~ 98% 的区间，财务杠杆风险较高。144 家上市房地产企业中共有 61 家的资产负债率超过 70%，处于较高的财务杠杆风险状态。而在 2019 ~ 2021 年，房地产企业迎来信用债和其他有息负债的集中兑付高峰。天房集团、银亿股份、阳光 100 中国、佳源国际控股等房地产企业先后爆出债务违约问题。在融资渠道受限、负债率持续走高的市场下行周期内，房地产企业的财务周转能力将会迎来巨大考验。

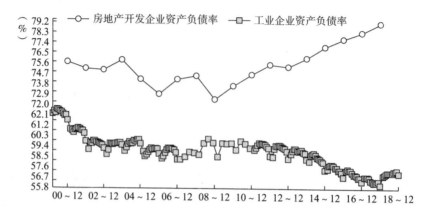

专题图 3 - 1　房地产开发企业与工业企业资产负债率变化趋势比较
资料来源：国家统计局、CREIS 中指数据。

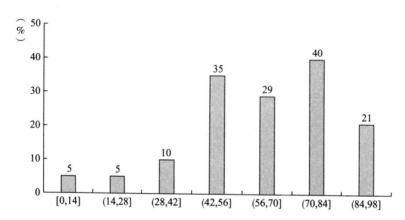

专题图 3 - 2　2018 年前三季度沪深上市房地产企业资产负债率分布频度
资料来源：国家统计局、CREIS 中指数据。

第二节　海外发债规模扩大

　　受国内房地产企业融资调控趋严收紧的影响，不少房地产企业积极寻求海外发债融资。如专题图 3 - 3 所示，2017 年国内房地产企业海外发债规模为 2016 年的 4 倍，2018 年海外融资总额达 519.5 亿美元，创历史新高，较2017年同比上升60%。我国房地产企业海外发债融资额的快速增长主要来自大型房地产企业的贡献。所有67家在海外发行过债券的房地产企业均为沪深及香港上市企业，碧桂园、恒大、万科、保利等均在其列。2018年6月，国家发改委和财政部发布《关于完善市场约束机制 严格防范外债风险和地方债务风险的通知》，监管部门开始关注房地产企业海外发债的可能衍生风险，并在审批环节从严把控。但由于国内融资管控仍相对严格，房地产企业在境外融资成本持续走高的情形下，2019年1月海外发债量仍然出现141.9%的环比增幅。由此可见，房地产企业通过借新还旧来应对偿债高峰的融资需求非常旺盛，因此，需要进一步加大对中资房地产公司外债风险压力的监管把控。

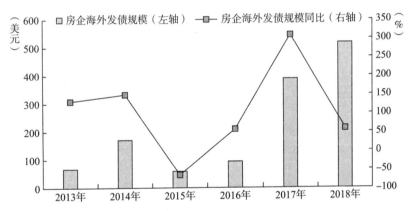

专题图3-3 房地产企业海外发债规模及同比增幅变化趋势
资料来源：国家统计局、CREIS中指数据。

第三节 中小房地产企业债务问题突出

如专题图3-4和专题图3-5所示，近年来，我国房地产市场销售额和销售面积的集中度加速提升。2008年，前四强房地产企业的销售额和销售面积的集中度仅为4.1%和1.8%，到2018年前三季度，前四强房地产企业的销售额占全国商品房销售总额的比例增至16.8%，销售面积占比增至12.9%。虽然行业结构调整的快慢与行情冷暖密切相关，但市场集中度持续加速提升的整体趋势并未改变。过去十年来无论市场环境如何变化，房地产企业销售额与销售面积的市场集中度始终保持了较为稳定的高增长速度。而房地产业集中度的持续上升、平均利润率的不断下滑、融资渠道收窄、融资成本的提高等进一步推升了大量中小房地产企业资金链断裂的风险，风险的提升同时又加剧了中小房地产企业的融资困境，使其陷入难以逃离的恶性循环。

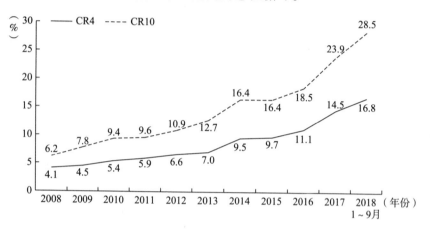

专题图 3 - 4　我国房地产市场销售额集中度

资料来源：国家统计局、CREIS 中指数据。

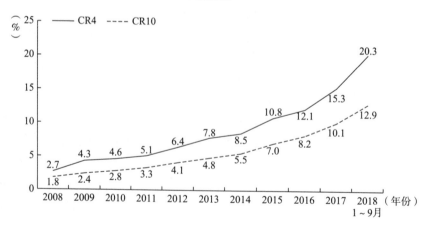

专题图 3 - 5　我国房地产市场销售面积集中度

资料来源：国家统计局、CREIS 中指数据。

第四节 房地产企业融资结构不合理

由于房地产开发前期需要大量的资金购置土地和支付建筑支出，因而融资结构和资金链被视为房地产企业的生命线。从房地产企业的资金来源来看，间接融资（主要包括银行贷款和信托贷款）占比一直在90%以上的高位运行，而直接融资（主要包括股票融资和债券融资）占比近年来虽有小幅回升但仍然在不到10%的较低水平徘徊。在间接融资中，国内金融机构贷款来源一直稳居首位。如专题图3-6所示，根据中国房地产信息网和中国人民银行、银保监会数据测算，调整后的国内贷款①占所有资金来源的比重一直高居40%以上。相对于非金融业总体间接融资比例而言，房地产企业融资结构的失衡问题更为严重，两

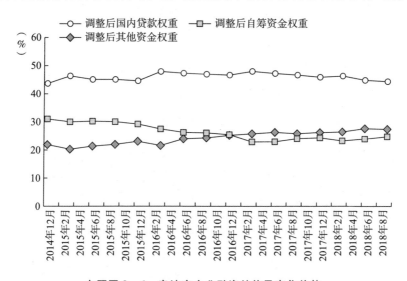

专题图 3-6 房地产企业融资结构及变化趋势
资料来源：根据中国房地产信息网和中国人民银行、银保监会数据整理。

———————————

① 房地产企业资金来源可分为四个渠道，其中主渠道是国内贷款、自筹资金和其他资金。本书对该数据来源做如下处理：一是将个人按揭贷款从其他资金来源中扣除并并入国内贷款；二是依据中国银保监会和中国人民银行的相关调查报告，将自筹资金和定金预收款中的资金分别按25%和30%的比例扣除，扣除部分并入国内贷款。

者平均差距超过 15 个百分点。房地产企业间接融资特别是信贷占比过高，过度依赖银行金融机构的融资结构，导致其抵御债务风险的能力较弱，并很容易将房地产行业的债务风险传导扩散到一般经济金融领域，产生多米诺骨牌效应。

参考文献

1. 巴曙松、刘孝红、牛播坤:《转型时期中国金融体系中的地方治理与银行改革的互动研究》,《金融研究》2005 年第 5 期。

2. 卞永祖、杨凡欣、张岩:《金融安全的六个维度》,《金融时报》2017 年 4 月 29 日。

3. 常健:《论金融稳定与货币稳定的法律关系》,《法学评论》2015 年第 7 期。

4. 陈果静:《易纲:实施好稳健的货币政策 提高金融体系服务实体经济能力》,《经济日报》2019 年 1 月 9 日。

5. 丁骋骋、傅勇:《地方政府行为、财政—金融关联与中国宏观经济波动——基于中国式分权背景的分析》,《经济社会体制比较》2012 年第 6 期。

6. 符莉:《现实金融安全问题研究》,《财经问题研究》2002 年第 9 期。

7. 傅勇:《中国的金融分权与经济波动》,中国金融出版社,2016。

8. 傅勇、张晏:《中国式分权与财政支出结构偏向:为增长而竞争的代价》,《管理世界》2007 年第 3 期。

9. 龚强、张一林、林毅夫:《产业结构、风险特性与最优金融结构》,《经济研究》2014 年第 4 期。

10. 何德旭:《金融安全视角下的金融周期与金融风险管理》,《中共贵州省委党校学报》2018a 年第 2 期。

11. 何德旭:《金融改革与发展迈进新时代》,《金融时报》2018b 年 2

月 26 日。

12. 何德旭、姜永华：《中国宏观经济：管理体制与调控政策》，中国财政经济出版社，2008。

13. 何德旭、娄峰：《中国金融安全指数的构建及实证分析》，《金融评论》2012 年第 5 期。

14. 何德旭、苗文龙：《财政分权是否影响金融分权——基于省际分权数据空间效应的比较分析》，《经济研究》2016 年第 2 期。

15. 何德旭、苗文龙：《论金融体制改革与民营企业发展》，《新金融》2015 年第 9 期。

16. 何德旭、史晓琳：《金融安全网：内在联系与运行机理》，《当代财经》2010 年第 5 期。

17. 何德旭等：《中国金融稳定：内在逻辑与基本框架》，社会科学文献出版社，2013。

18. 洪正、胡勇锋：《中国式金融分权》，《经济学（季刊)》2017 年第 2 期。

19. 姜付秀、黄继承：《市场化进程与资本结构动态调整》，《管理世界》2011 年第 3 期。

20. 蒋海、苏立维：《中国金融安全指数的估算与实证分析：1998—2007》，《当代财经》2009 年第 10 期。

21. 李波：《宏观审慎政策框架与金融监管体制框架》，中国金融四十人论坛—彼得森国际经济研究所《CF40 - PIIE 联合报告》，2018 年 5 月。

22. 李扬：《中国金融发展报告：2004 年上半年之二，银行业分析报告》，中国社会科学院金融研究所文稿，2003。

23. 梁勇：《开放的难题：发展中国家的金融安全》，高等教育出版社，1999。

24. 林毅夫、孙希芳、姜烨：《经济发展中的最优金融结构理论初探》，《经济研究》2009 年第 5 期。

25. 刘沛、卢文刚：《金融安全的概念及金融安全网的建立》，《国际金融研究》2001年第11期。

26. 刘锡良：《国有商业银行改革的八个问题》，《经济参考报》2004年2月5日。

27. 刘锡良：《中国经济转轨时期金融安全问题研究》，中国金融出版社，2004。

28. 陆磊：《非均衡博弈、央行的微观独立性与最优金融稳定政策》，《经济研究》2005年第8期。

29. 马骏、管涛：《利率市场化与货币政策框架转型》，中国金融出版社，2018。

30. 苗文龙：《地方偏好、银行信贷与金融稳定》，《经济评论》2008年第1期。

31. 苗文龙：《中国金融周期的特征分析》，《统计与信息论坛》2005年第9期。

32. 邱兆祥、刘远亮：《宏观经济不确定性与银行资产组合行为：1995—2009》，《金融研究》2010年第11期。

33. 饶品贵、姜国华：《货币政策、信贷资源配置与企业业绩》，《管理世界》2013年第3期。

34. 时吴华：《金融国策论》，社会科学文献出版社，2015。

35. 苏力：《当代中国的中央与地方分权》，《中国社会科学》2004年第2期。

36. 孙天琦、杨岚、苗文龙：《中国财政政策是否有顺周期特征》，《当代经济科学》2010年第3期。

37. 童建挺：《联邦制的分权功能——基于美国、瑞士、加拿大、德国、奥地利和澳大利亚的比较》，《经济社会体制比较》2009年第3期。

38. 王曙光：《经济转型中的金融制度演进》，北京大学出版社，2007。

39. 王义中、宋敏：《宏观经济不确定性、资金需求与公司投资》，《经济研究》2014年第2期。

40. 王元龙：《我国对外开放中的金融安全问题研究》，《国际金融研究》1998 年第 12 期。

41. 夏斌、高善文、陈道富：《对当前信贷形势的基本判断》，《中国产业经济动态》2003 年第 28 期。

42. 肖立晟、张潇：《人民币汇率的逆周期性》，《中国金融》2017 年第 16 期。

43. 谢平、邹传伟、刘海二：《互联网金融手册》，中国人民大学出版社，2014。

44. 徐忠：《中国稳健货币政策的实践经验与货币政策理论的国际前沿》，《金融研究》2017 年第 1 期。

45. 杨洁：《政治控制、财政分权与国有银行信贷风险》，《地方财政研究》2010 年第 11 期。

46. 杨开忠、陶然、刘明兴：《解除管制、分权与中国经济转轨》，《中国社会科学》2003 年第 3 期。

47. 杨小凯：《经济改革和宪政转轨》，《经济学季刊》2000 年第 3 期。

48. 易纲、王召：《货币政策与金融资产价格》，《经济研究》2002 年第 3 期。

49. 张安军：《国家金融安全动态监测分析（1992—2012）》，《国际金融研究》2014 年第 9 期。

50. 张杰：《金融分析的制度范式：制度金融学导论》，中国人民大学出版社，2017。

51. 张杰：《市场化与金融控制的两难困局：解读新一轮国有银行改革的绩效》，《管理世界》2008 年第 11 期。

52. 张军：《分权与增长：中国的故事》，《经济学（季刊）》2008 年第 1 期。

53. 张军、金煜：《中国的金融深化和生产率关系的再检测：1987—2001》，《经济研究》2005 年第 11 期。

54. 张琳、廉永辉、辛兵海：《宏观经济不确定性、银行异质性和信贷供给》,《当代经济科学》2015 年第 4 期。

55. 周好文:《"国家信誉"应从国有银行淡出》,《当代经济科学》2003 年第 1 期。

56. 周小川:《保持金融稳定,防范道德风险》,《金融研究》2004 年第 4 期。

57. Adrian, T. , and Shin, H. S. , "Financial Intermediaries, Financial Stability, and Monetary Policy", Federal Reserve Bank of New York Staff Report, No. 346, 2008.

58. Adrian, T. , Covitz, D. , and Liang, N. , "Financial Stability Monitoring, Federal Reserve Bank of New York Staff Report", No. 601, 2013.

59. Albulescu, C. T. , and Ionescu, A. M. , "The Long-run Impact of Monetary Policy Uncertainty and Banking Stability on Inward FDI in EU Countries", *Research in International Business and Finance*, 45, 2018: 72 – 81.

60. Alessandri, P. , and Bottero, M. , "Bank Lending in Uncertain Time", *Social Science Electronic Publishing*, 2017.

61. Allen, F. , and Gale, D. , "Optimal Financial Crises", *Journal of Finance*, 53 (4), 1998: 1245 – 1284.

62. Angeloni, I. , Faia, E. , and Duca, M. , "Monetary Policy and Risk Taking", *Journal of Economic Dynamics and Control*, 52 (C), 2015: 285 – 307.

63. Baldwin, R. , and Reichlin, L. , *Is Inflation Targeting Dead? Central Banking After the Crisis* (London: Center for Economic Policy Research, 2013).

64. Bank of International Settlement (BIS), "Central Bank Governance and Financial Stability", May 2011.

65. Bank of International Settlement (BIS), "Macroprudential Instruments and Frameworks: A Stocktaking of Issues and Experiences", CGFS

Papers, No. 38, 2010.

66. Baum, C. F. , Caglayan, M. , and Ozkan, N. , "The Second Moments Matter: The Impact of Macroeconomic Uncertainty on the Allocation of Loanable Funds", *Economics Letters*, 102 (2), 2009: 87 – 89.

67. Bergbrant, M. C. , Bradley, D. and Hunter, D. M. , "Does Bank Loan Supply Affect the Supply of Equity Capital? Evidence from New Share Issuance and Withdrawal", *Journal of Financial Intermediation*, 29, 2017: 32 – 45.

68. Berger, A. N. , and Udell, G. F. , "Small Business Credit Availability and Relationship Lending: The Importance of Bank Organi-sational Structure", *Economic Journal*, 112 (477), 2002: 32 – 53.

69. Bernanke, B. S. , " Financial Reform to Address Systemic Risk", Speech at the Council on Foreign Relations, 2004.

70. Bernanke, B. S. , "Long-Term Interest Rates", Speech Given at the Annual Monetary and Macroeconomics Conference, Federal Reserve Bank of San Francisco, March 1, 2013.

71. Bernanke, B. S. , and Gertler, M. , "Should Central Banks Respond to Movements in Asset Prices?" *American Economic Review*, 91 (2), 2001: 253 – 257.

72. Bernanke, B. S. , Laubach, T. , Mishkin, F. S. , and Posen, A. S. , *Inflation Targeting: Lessons from the International Experience* (Princeton: Princeton University Press, 1998).

73. Blanchard, O. , and Shleifer, A. , "Federalism with and without Political Centralization: China vs. Russia", *IMF Staff Paper*, 48 (1), 2001: 171 – 179.

74. Blanchard, O. , Dell' Ariccia, G. , and Mauro, P. , " Rethinking Macroeconomic Policy", IMF Staff Position Note SPN/10/03, 2010.

75. Blanchard O. , Dell' Ariccia G. , and Mauro, P. , " Rethinking Macro

Policy II: Getting Granular", IMF Staff Discussion Note SPN 13/ 03, 2013.

76. Bodenstein, M., Guerrieri, L., and LaBriola, J., "Macroeconomic Policy Games", Board of Governors of the Federal Reserve System, Discussion Series No. 2014 – 87, 2014.

77. Borio, C., "Towards a Macroprudential Framework for Financial Supervision and Regulation?" BIS Working Paper, No. 128, 2003.

78. Borio, C., and Lowe, P., "Asset Prices, Financial and Monetary Policy: Exploring the Nexus", BIS Working Paper, No. 114, 2002.

79. Borio, C., and Zhu, H., "Capital Regulation, Risk-Taking and Monetary Policy: A Missing Link in the Transmission Mechanism", BIS Working Paper, No. 268, 2008.

80. Buchanan, "Federalisms in der Bundesrepublik Deutschland: Eine Einfuhrung", 1995.

81. Cao, W., Duan, X., and Uysal, V. B., "Does Political Uncertainty Affect Capital Structure Choices", University of Oklahoma, 2013.

82. Cerutti, E., Claessens, S., and Laeven, L., "The Use and Effectiveness of Macroprudential Policies: New Evidence", *Journal of Financial Stability*, 28, 2017: 203 – 224.

83. Chan, Y. S., "On the Positive Role Financial Intermediation in Allocation of Venture Capital in a Market with Imperfect Information", *Journal of Finance*, 38, 1983: 1543 – 1568.

84. Chant, J., "The New Theory of Financial Intermediation", in Dowd, K., and Lewis, M. K., eds., *Current Issures in Financial and Monetary Economics* (London: Macmillan, 1992).

85. Cochrane, J., "A Frictionless Model of U. S. Inflation", NBER Macro Annual, 1998.

86. Davis, S. J., James A., and Kahn, "Interpreting the Great Moderation:

Changes in the Volatility of Economic Activity at the Macro and Micro Levels", NBER Working Paper, No. 14048, 2008.

87. DeGrauwe, P. , "There is More to Central Banking than Inflation Targeting", *Financial Times*, November 2, 2007.

88. Dixit, A. K. , and Pindyck, R. S. , *Investment under Uncertainty*, (Princeton: Princeton University Press, 1994).

89. European Systemic Risk Board (ESRB), "Recommendation on the Macro Prudential Mandate of National Authorities", 2011.

90. Financial Stability Board (FSB), "Policy Measures to Address Systemically Important Financial Institutions", November 2011.

91. Friedman, M. , "The Role of Monetary Policy", *American Economic Review*, 58 (1), 1968: 1 – 17.

92. Frydenberg S. , Baker, H. and Martin, G. , *Capital Structure and Corporate Financing Decisions: Theory, Evidence, and Practice* (New Jersey: John Wiley & Sons Inc, 2011).

93. Galati, G. , and Moessner, R. , "Macroprudential Policy – A Literature Review", BIS Working Paper, No. 337, 2011.

94. Goodhart, C. A. E. , *Money, Information and Uncertainty: 2nd Edition* (London: Macmillan, 1989).

95. Graham, J. R. , and Leary, M. T. A. , "Review of Empirical Capital Structure Research and Directions for the Future", *Annual Review of Financial Economics*, 3 (1), 2011: 309 – 345.

96. Greenspan, A. , "Monetary Policy under Uncertainty", At a Symposium sponsored by the Federal Reserve Bank of Kansas City, Jackson Hole, Wyoming, August 29, 2003, https://www. federalreserve. gov/boarddocs/speeches/2003/20030829/default. htm.

97. Guttentag, J. , and Herring, R. , "Credit Rationing and Financial Disorder", *The Journal of Finance*, 39 (5), 1984: 1359 – 1382.

98. Herro, N., and Murray, J., "Dynamics of Monetary Policy Uncertainty and the Impact on the Macroeconomy", *Economics Bulletin*, 33 (1), 2011: 257 - 270.

99. Huang, L., and Pearce, J. L., "Managing the Unknowable: The Effectiveness of Early-stage Investor Gut Feel in Entrepreneurial Investment Decisions", *Administrative Science Quarterly*, 60 (4), 2015: 634 - 670.

100. Huang, S., "Essays on Measuring Monetary Policy Uncertainty and Forecasting Business Cycle", PhD Dissertation, the University of Kansas, 2016.

101. Ilut, C. L., and Schneider, M., "Ambiguous Business Cycles", *The American Economic Review*, 104 (8), 2014: 2368 - 2399.

102. International Monetary Fund (IMF), "Monetary Policy and Financial Stability", Staff Report, August 2015.

103. International Monetary Fund (IMF), "Sovereign Debt Restructuring: Lessons from Recent Experience", 2013 Annual Meetings IMF Seminar, October 12, 2013a.

104. International Monetary Fund (IMF), "Sovereign Debt Restructuring – Recent Developments and Implications for the Fund's Legal and Policy Framework", IMF Policy Paper, April 26, 2013b.

105. International Monetary Fund (IMF), "Staff Guidance Note for Public Debt Sustainability Analysis in Market – Access Countries", May 9, 2013c.

106. Ito, T., "Monetary Policy and Financial Stability: Is Inflation Targeting Passé?" ADB Working Paper, No. 206, 2010.

107. Jin, H., Qian, Y. and Weingast, B., "Regional Decentralization and Fiscal Incentives: Federalism, Chinese Style", *Journal of Public Economics*, 89 (9), 2005: 1719 - 1742.

108. Jordà, O., and Salyer, K. D., "The Response of Term Rates to Monetary Policy Uncertainty", *Review of Economic Dynamics*, 6 (4), 2003: 941 –

962.

109. Kahle, K. M., and Stulz, R. M., "Access to Capital, Investment, and the Financial Crisis", *Journal of Financial Economics*, 110 (2), 2013: 280 – 299.

110. Keeton, W. R., *Equilibrium Credit Rationing* (New York: Garland, 1979).

111. Kim, H., and Kung, H., "The Asset Redeployability Channel: How Uncertainty Affects Corporate Investment", *Review of Financial Studies*, 30 (1), 2017: 245 – 280.

112. King, M., "Twenty Years of Inflation Targeting", Speech at The Stamp Memorial Lecture, London School of Economics, October 9, 2012.

113. King, R., and Levine, R., "Finance and Growth: Schumpeter Might Be Right", *Quarterly Journal of Economics*, 108, 1993: 717 – 738.

114. Kohn, D., "Implementing Macroprudential and Monetary Policies: The Case for Two Committees", Presentation at FRB Boston Conference, October 2, 2015.

115. Krugman, P., "Balance Sheets, the Transfer Problem, and Financial Crises", *International Tax and Public Finance*, 6, 1999: 459 – 472.

116. Kurov, A., and Stan, R., "Monetary Policy Uncertainty and the Market Reaction to Macroeconomic News", *Journal of Banking & Finance*, 86, 2018: 127 – 142.

117. Lenza, M., Pill, H., and Reichlin, L., "Monetary Policy in Exceptional Times", *Economic Policy*, 25 (62), 2010: 295 – 339.

118. Lin, J. Y., Sun, X., and Jiang, Y., "Endowment, Industrial Structure and Appropriate Financial Structure: A New Structural Economics Perspective", *Journal of Economic Policy Reform*, 16 (2), 2013: 1 – 14.

119. Lusardi, A., Mitchell, O. S., and Curto, V., "Financial Literacy among the Young", *Journal of Consumer Affairs*, 44 (2), 2010: 358 – 380.

120. Masciandaro, D. , and Volpicella, A. , "Macro Prudential Governance and Central Banks: Facts and Drivers", *Journal of International Money and Finance*, 61, 2016: 101 – 119.

121. Maskin, E. , Qian, Y. , and Xu, C. , "Incentives, Scale Economies, and Organization Forms", *Review of Economic Studies*, 67 (3), 2000: 359 – 378.

122. McMullen, J. S. , "Entrepreneurial Judgment as Empathic Accuracy: A Sequential Decision – Making Approach to Entrepreneurial Action", *Journal of Institutional Economics*, 11 (03), 2015: 651 – 681.

123. Mester, L. J. , "Five Points About Monetary Policy and Financial Stability", at Sveriges Riksbank Conference on Rethinking the Central Bank's Mandate, Stockholm, Sweden, June 4, 2016.

124. Mishkin, F. S. , "Monetary Policy Strategy: Lessons from the Crisis", NBER Working Paper, No. 16755, 2011.

125. Minsky, H. P. , "The Financial Instability Hypothesis", The Jerome Levy Economics Institute Working Paper, No. 74, May 1992.

126. Montinola, G. , Qian, Y. , and Weingast, B. , "Federalism, Chinese Style: The Political Basis for Economic Success in China", *World Politics*, 48 (1), 1995: 50 – 81.

127. Nier, E. , Osinski, J. , Jacome, L. , and Madrid, P. , "Towards Effective Macroprudential Policy Frameworks: An Assessment of Stylized Institutional Models", IMF Working Paper, WP 11/250, 2011.

128. Oates, W. E. , "An Essay on Fiscal Federalism", *Journal of Economic Literature*, 37 (3), 1999: 1120 – 1149.

129. Ongena, S. , and Peydr'o J. , "Loose Monetary Policy and Excessive Credit and Liquidity Risk-Taking by Banks", Vox EU Column, October 25, 2011.

130. Orphanides, A. , "Monetary Policy Rules, Macroeconomic Stability and

Inflation: A View from the Trenches", *Journal of Money*, *Credit*, *and Banking*, 36 (2), 2004: 151 – 175.

131. Qian, Y., and Roland, G., "Federalism and the Soft Budget Constraint", *American Economic Review*, 88 (5), 1999: 1143 ~ 1162.

132. Rajan, R., "Is the Glass-Steagall Act Justified? A Study of the US Experience with Universal Banking Before 1933", *American Economic Review*, 84 (4), 1994: 810 – 823.

133. Reserve Bank of Australia (RBA), Monetary Policy and Financial Stability in a World of Low Interest Rates, 2017.

134. Romer, C. D., and Romer, D. H., "A New Measure of Monetary Shocks: Derivation and Implications", *American Economic Review*, 94 (4), 2004: 1055 – 1084.

135. Sarasvathy, S., "Toward Causation and Effectuation: A Theoritical Shift from Inevitability to Economic Entrepreneurial Contingency", *The Academy of Management Review*, 26, 2001: 243 – 263.

136. Schumpeter, J., *Capitalism*, *Socialism and Democracy* (New York: Harper & Brothers, 1942).

137. Shen, J., Firth, M., and Poon, W. P. H., "Bank Loan Supply and Corporate Capital Structure: Recent Evidence from China", Paper Presented at World Finance Conference 2014, Venice, Italy: Ca' Foscari University.

138. Shibamoto, M., and Tachibana, M., "The Effect of Unconventional Monetary Policy on the Macro Economy: Evidence from Japan's Quantitative Easing Policy Period", Discussion Paper, 2013.

139. Sinha, A., "Monetary Policy Uncertainty and Investor Expectations", *Journal of Macroeconomics*, 47, 2016: 188 – 199.

140. Smaga, P., "Assessing Involvement of Central Banks in Financial Stability", Center for Financial Stability Policy Paper, 2013.

141. Smets, F., "Financial Stability and Monetary Policy: How Closely Inter-

linked?" *International Journal of Central Banking*, 10 (2), 2014: 263 – 300.

142. Stein, J. C. , " Monetary Policy as Financial Stability Regulation ", *Quarterly Journal of Economics*, 127 (1), 2012: 57 – 95.

143. Stiglitz, J. , "Stiglitz Says Banking Problems Are Now Bigger than Pre – Lehman (Bloomberg)", http://www. bloomberg. com/apps/news? Pid = news archive & sid, 2009.

144. Stokey, N. L. , *The Economics of Inaction: Stochastic Control Models with Fixed Costs* (Princeton: Princeton University Press, 2008).

145. Svensson, L. , " Cost-Benefit Analysis of Leaning against the Wind ", NBER Working Paper, No. 21902, 2016.

146. Svensson, L. , "Inflation Targeting", in Friedman, B. M. , and Woodford, M. , eds. , *Handbook of Monetary Economics* (Amsterdam: Elsevier Press, 2011).

147. Svensson, L. , "The Relation between Monetary Policy and Financial Stability Policy", *International Journal of Central Banking*, 8, 2014: 293 – 295.

148. Svensson, L. , "The Relation between Monetary Policy and Financial – Stability Policy", Prepared for the XXI Annual Conference of the Central Bank of Chile, November 16 – 17, 2017.

149. Sveriges Riksbank, "The Riksbank and Financial Stability", February 2013.

150. Taylor, J. B. , " A Historical Analysis of Monetary Policy Rules ", in Taylor, J. B. , eds. , *Monetary Policy Rules* (Chicago: University of Chicago Press, 1999).

151. Townsend, D. M. , Hunt, R. A. , McMullen, J. S. , et al. , "Uncertainty, Knowledge Problems, and Entrepreneurial Action", *Academy of Management Annals*, 12 (2), 2018: 659 – 687.

152. Tucker, P. , "Microprudential Versus Macroprudential Supervision: Functions that Makes Sense only as Part of an Overall Regime for Financial Stability", Paper Presented at Boston Federal Reserve Bank Conference, October 2 – 3, 2015.

153. Viñals, J. , "Making Macroprudential Policy Work", Remarks at Brookings on September 16, 2013.

154. White, W. , "Is Price Stability Enough?" BIS Working Paper, No. 205, 2006.

155. Woodford, M. , "Inflation Targeting and Financial Stability", *Economic Review*, 1, 2012: 7 – 32.

156. Yellen, J. L. , "Monetary Policy and Financial Stability", Speech at the 2014 Michel Camdessus Central Banking Lecture, IMF, Washington, D. C. , July 2, 2014.